再生医療等 提供のための 申請・届出 ハンドブック

行政書士 林 大輔 ［著］

JN190653

日本法令

はしがき

　2014 年に「再生医療等の安全性の確保等に関する法律（平成 25 年法律第 85 号）」（以下、「再生医療等安全性確保法」という）が施行されてから、10 年が経過しました。2020 年に始まった新型コロナウイルス感染症の感染拡大により一時的に停滞した時期もありましたが、再生医療等を実施する医療機関は増加傾向にあり、本書執筆時点で約 4,200 件の医療機関が再生医療等を提供しています。

　また、内閣官房の「新しい資本主義実現会議」でも再生医療が取り上げられ、新しい資本主義のグランドデザイン及び実行計画においても、再生・細胞医療・遺伝子治療分野が投資を促進する分野の 1 つとして位置付けられ、再生医療を国として積極的に推進していく姿勢が示されています。

　著者も、再生医療等の発展が少子高齢化が進む中でより多くの人々が元気に働き暮らすことができる社会の実現や、外貨獲得などによる国や地域の経済発展に繋がるものと信じて、再生医療等にかかわる医療機関や事業者の支援をライフワークとして取り組んでいます。

　一方で、本書の執筆中にも再生医療等を受けた方が重篤な感染症を患い、入院を要する事例が報告されるなど、再生医療の提供における安全性が十分に確保されていない例も存在しています。さらに、再生医療政策の抜本的な見直しを求める陳情書が厚生労働省に提出されるなど、再生医療等安全性確保法の目的である「迅速かつ安全な提供及び普及の促進」に向けて、様々な課題が浮き彫りになっているのが現状です。

このような状況下で、再生医療等を実施しようとする医療機関や、それをサポートする手続代行事業者、コンサルティング業者が再生医療等安全性確保法や関連法令を正しく理解し、適切に手続きを進めることがますます重要になっています。

　本書は、再生医療等の安全かつ適正な発展、その先にある国や地域の発展を願い、これらの方々に向けた実務的なガイドとして執筆いたしました。

　再生医療等に関する手続きは、必要な書類や情報、知識が多岐にわたるにもかかわらず、手引きやひな型、記載例が十分に整備されていないため、非常に複雑で理解しにくいものとなっています。著者自身も、再生医療等安全性確保法や関連法令を何度も読み返し、厚生労働省や地方厚生局の担当者への問合せを重ね、膨大な時間と労力をかけて再生医療等に関する業務を習得してきました。こうして培った知識やノウハウを本書に凝縮しましたので、再生医療等に関する手続きを円滑に進めるための一助となれば幸いです。

令和7年1月

林　大輔

目　次

| 第1章 | 再生医療等の可能性 |

1　「再生医療等安全性確保法」制定の経緯　　8
2　再生医療等の広がり　　9
3　再生医療等の今後の展望　　12
（1）再生医療等には該当しない類似の治療法の普及　　12
（2）改正再生医療等安全性確保法の成立　　14

| 第2章 | 再生医療等に関する基礎知識 |

1　再生医療等安全性確保法　　18
（1）再生医療等提供計画の提出　　19
（2）認定再生医療等委員会の設置　　19
（3）特定細胞加工物製造届出・許可申請・認定申請　　20
2　再生医療等とは　　22
（1）再生医療等の定義　　22
（2）再生医療等に該当する治療法の例　　25
（3）再生医療等に該当しない治療法の例　　27
（4）薬機法との関係　　27
（5）注意点　　28
3　再生医療等のリスク分類　　30
4　主要な再生医療等技術　　35
（1）脂肪由来幹細胞を用いた治療　　35
（2）多血小板血漿（PRP）を用いた治療　　37
（3）がん免疫細胞療法　　37
（4）線維芽細胞移植　　38
5　再生医療等の活用場面（どのような施設で実施されているか）
　　38

| 第3章 | 再生医療等の実施のために必要となる知識（法令・通知など） |

1　再生医療等提供基準　　42

（1）人員に関する基準　　　43

（2）細胞の入手に関する基準　　　45

（3）特定細胞加工物の製造及び品質管理に関する基準　　　47

（4）再生医療等を行う際の責務　　　48

（5）再生医療等を受ける者に対する説明及び同意　　　49

2　細胞培養加工施設の構造設備基準　　　51

3　特定細胞加工物製造事業者の遵守事項　　　54

4　課長通知　　　55

5　記載要領　　　55

第4章　再生医療等の実施に向けた事前準備、検討事項など

1　法令、通知などの正しい理解　　　58

2　再生医療等の内容の検討　　　59

（1）診療科目、実施医師の専門分野　　　59

（2）再生医療等を導入する目的、対象とする患者層　　　60

（3）導入のための予算　　　60

（4）再生医療等に該当しない治療法との比較検討　　　61

3　代行業者への依頼の検討　　　62

4　再生医療等の区分の確認　　　64

5　再生医療等のリスク分類の確認　　　66

6　治療法ごとの検討事項　　　67

（1）多血小板血漿療法　　　67

（2）脂肪由来幹細胞を用いた治療　　　70

7　審査を依頼する認定再生医療等委員会の選定　　　74

第5章　再生医療等提供計画の提出

1　概　要　　　80

2　再生医療等提供計画及び添付書類の作成の流れ　　　82

（1）文献調査、収集　　　83

（2）添付書類の作成　　　90

（3）再生医療等提供計画の作成　　136

3　再生医療等提供計画作成後の流れ　　158

（1）委員会審査　　158

（2）地方厚生局への提出　　159

（3）受理、再生医療等の提供開始　　162

第6章　再生医療等提供計画提出後の手続き

1　変更手続　　166

（1）軽微な変更を除く変更　　168

（2）軽微な変更　　169

（3）医療機関の移転　　169

2　定期報告　　170

3　疾病などの報告　　173

4　再生医療等提供の中止・終了　　175

第7章　再生医療等提供計画提出以外の手続き

1　特定細胞加工物製造届　　178

（1）特定細胞加工物製造届の手続方法（新規届出）　　180

（2）特定細胞加工物製造届提出後の手続き　　189

2　再生医療等委員会認定申請　　193

（1）申請書記載事項及び添付書類　　194

（2）認定の要件　　196

第8章　実務上の注意事項・よくあるトラブル事例など

1　再生医療等提供に関する注意事項、トラブル事例　　202

（1）地域による相違点　　202

（2）法人成りの際の注意事項　　202

（3）美容やアンチエイジング目的の再生医療等実施における注意事項

203

（4）記録の未作成 204

（5）定期報告の未提出、期限超過 205

（6）変更届、軽微変更届の未提出、期限超過 206

（7）経過観察方法の不備 206

2 特定細胞加工物製造に関する注意事項、トラブル事例 207

（1）製造場所の選定についての注意事項 207

（2）手順書等の未作成 209

（3）記録の未作成 210

3 他法令との関係に関する注意事項、トラブル事例 212

（1）医療広告規制への抵触 212

（2）混合診療 213

───── ●凡　　　例● ─────

本書では、法令関係において、以下のように省略している場合があります。

・再生医療等安全性確保法	再生医療等の安全性の確保等に関する法律
・政　　令	再生医療等の安全性の確保等に関する法律施行令
・省　　令	再生医療等の安全性の確保等に関する法律施行規則
・再生医療推進法	再生医療を国民が迅速かつ安全に受けられるようにするための施策の総合的な推進に関する法律
・薬機法	医薬品、医療機器等の品質、有効性及び安全性の確保等に関する法律
・再生医療推進法	再生医療等の安全性の確保等に関する法律及び臨床研究法の一部を改正する法律

再生医療等の可能性

第 1 章では、再生医療等に関する法律が制定された経緯や、現在の実施状況、今後の展望について解説します。

1 「再生医療等安全性確保法」制定の経緯

　2006 年に京都大学の山中伸弥教授により、マウスの iPS 細胞（人工多能性幹細胞）が世界で初めて作製され、翌年の 2007 年にヒトの iPS 細胞が樹立されたことにより、失われた組織、器官などの再生や、従来の医療では治療が困難であった難病の治療などを可能とする「再生医療」への期待は急激に高まりました。

　そのような期待の高まりもあり、2013 年には議員立法により「再生医療を国民が迅速かつ安全に受けられるようにするための施策の総合的な推進に関する法律（平成 25 年法律第 84 号）」（以下、「再生医療推進法」という）が制定されるなど、国を挙げて再生医療の推進に取り組む姿勢が示されました。

　一方で、当時は再生医療の安全性や有効性を確保するための法制度が整備されておらず、民間の医療機関による十分な科学的根拠に基づかない幹細胞や免疫細胞を用いた治療が広まっており、直接的な因果関係は証明されていないものの、2010 年に自己脂肪由来の幹細胞の点滴を受けた方が肺塞栓症により死亡する事故も発生しています。

　そのような状況もあり、「再生医療等の迅速かつ安全な提供及び普及の促進を図り、もって医療の質及び保健衛生の向上に寄与すること」を目的として 2013 年に「再生医療等安全性確保法」が制定、公布され、2014 年に施行されました。従来は再生医療に用いる細胞加工物を医療機関以外の製造業者が製造、販売する行為は、未承認無許可医薬品の製造、販売に該当し薬事法による規制対象となっていましたが、細胞加工物を投与する治療法自体は法規制の対象外でした。再生医療等安全性確保法が定められたことにより、細胞加工物を投与する治療法自体が「再生医療等」

として規制対象となりました。諸外国の多くは現在でも再生医療に用いる細胞加工物を医薬品や医療機器と同じように製品として規制する法体系になっており、再生医療を治療法として規制している国は世界的に見ても稀です。

　なお、再生医療等安全性確保法の制定と同時に薬事法が改正され、「医薬品、医療機器等の品質、有効性及び安全性の確保等に関する法律（昭和 35 年法律第 145 号）」（以下、「薬機法」という）によって再生医療等に用いる細胞加工物を「再生医療等製品」として規制する法体系も存在しています。

　再生医療等安全性確保法と薬機法による規制の違いの詳細については後述しますが、本書では主に再生医療等安全性確保法による「再生医療等」について解説します。

2 再生医療等の広がり

　再生医療等安全性確保法の制定により、再生医療等を実施する医療機関は事前に「再生医療等提供計画」を提出することが義務付けられ、その後も 1 年に 1 回の定期報告が必要となったことから、日本国内で再生医療等を実施している医療機関数、実施されている再生医療等の内容、件数や再生医療等を受けた人数を把握することが可能となりました。

　再生医療等を実施している医療機関数について、厚生労働省のHP「再生医療等提供機関の情報について（https://www.mhlw.go.jp/stf/seisakunitsuite/bunya/0000186471.html)」によると、本書執筆時点での日本全国で治療目的の再生医療等提供計画を提出している医療機関数は 4,239 件（第一種、第二種、第三種の合計）となっています。2024 年 2 月 9 日に公開された医療施設調査に

よると、日本全国の医療機関数は 180,715 施設あるため、再生医療等提供計画を提出している医療機関は全体の約 2.34％という計算となります。全国で 2.34％の医療機関でしか再生医療等が提供されていないという数字を見ると、再生医療等にはまだだ伸び代があると考えられます。

　続いて、実施されている再生医療等の内容についても「再生医療等提供機関の情報について」にて公開されている情報をもとに集計すると（第一種は民間の医療機関で治療目的で実施されている事例が存在しないため割愛）、第二種再生医療等で最も多いのが脂肪由来幹細胞を用いた治療で約 970 件、次に多いのが多血小板血漿（PRP）を用いた治療で約 600 件、3 番目に多いのが線維芽細胞移植で約 130 件となっています。第三種再生医療等では、最も多いのががん免疫療法で約 3,320 件、次に多いのが多血小板血漿を用いた治療で約 1,540 件、3 番目に多いのが自家血小板含有フィブリンゲルを用いた治療で約 800 件となっています。これらの治療法の中でも、本書執筆時点で特に注目度が高く、多くの医療機関で導入が検討されているのは「脂肪由来幹細胞」を用いた治療です。脂肪由来幹細胞を用いた治療は、様々な疾患の治療に効果があるといわれており、非常に高額な治療（患者負担額 200 ～ 300 万円程度）となりますが、インバウンド需要等もあり新型コロナウイルス感染症が落ち着いてから大幅に増加している治療法です。

　また、再生医療等を受けた人数については、厚生労働省が毎年公表している定期報告の取りまとめの概要によると、**図表 1 - 1**のように推移しています。

図表 1 - 1　再生医療等を受けた者の人数（治療のみ）

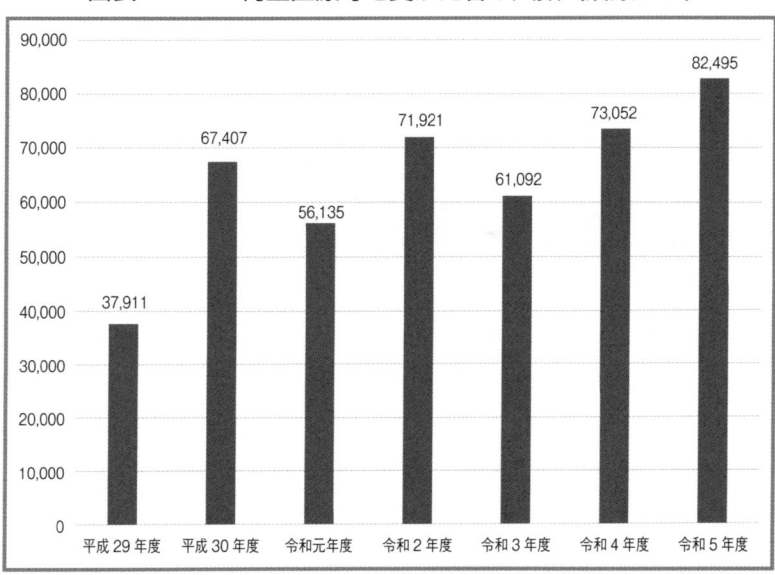

（厚生労働省）

　新型コロナウイルス感染症の影響もあってか令和元（2019）年度、令和3（2021）年度においては前年度よりも減少していますが、大まかな傾向としては年々増加している傾向にあり、令和5（2023）年度には前年度と比較して約9,500人も増加しています。

　再生医療等を受けた人の数の増加については、再生医療等に対する知名度の向上や、新型コロナウイルス感染症の影響が落ち着き訪日外国人が増加していることなどが要因として考えられ、今後も増加していく可能性が高いと思われます。

　以上のとおり、再生医療等を提供している医療機関数は全体の約2.34％とまだまだ伸び代があり、医療機関からするとまだ導入している医療機関数が少ないため再生医療等の導入により競合他院との差別化に繋がり、手続きの代行業者からするとこれからも再生医療等に関する手続きの依頼は増えていくことが予想され、

魅力的な業務であると考えられます。

　特に、今後も脂肪由来幹細胞を用いた治療については増加していくことが予想され、大きな可能性を秘めた治療法となっています。

3 再生医療等の今後の展望

　再生医療等の今後の展望を考えるうえで、以下の2点が重要となります。

> (1) 再生医療等には該当しない類似の治療法の普及
> (2) 改正再生医療等安全性確保法の成立

（1）再生医療等には該当しない類似の治療法の普及

　詳しくは後述しますが、再生医療等安全性確保法によって規制される再生医療等の要件の1つとして、「細胞加工物を用いた医療技術」であることが定められています。そのため、「細胞加工物」を用いない場合は再生医療等には該当せず、再生医療等安全性確保法の規制対象とはなりません。そのため、再生医療等安全性確保法が施行され、再生医療等が規制の対象となって以降、細胞加工物を用いず再生医療等には該当しない類似の治療法の普及も進んでいます。

　このような治療法として普及が進んでいるものの代表例として、幹細胞培養上清[1]、エクソソーム[2]等の細胞外小胞を用いた治療法が挙げられます。

　脂肪由来幹細胞を代表とする幹細胞はそれ自身が様々な種類の細胞に分化する能力（多能性）を有しており、幹細胞の投与が様々

な疾患に有効であると考えられている根拠の１つとなっています。しかしながら、幹細胞には多能性以外にも様々な成長因子や抗炎症因子、エクソソームなどの細胞外小胞を分泌する能力があることがわかっており、そのような能力も幹細胞の投与による治療効果に重要な役割を果たしていると考えられています。そのため、幹細胞自体を含んでいなくても幹細胞培養上清や、培養上清からさらにエクソソームのみを分離して投与することでも幹細胞治療に近い効果が得られるとして、幹細胞培養上清やエクソソームを用いた治療を導入する医療機関も多くなっています。

　培養上清やエクソソームを用いた治療法は、日本国内外で様々な疾患に対する臨床研究が進んでいるものの、安全性や有効性について十分なエビデンスが蓄積されておらず、医薬品等として承認された事例はありません。そのような状況であるのにもかかわらず、細胞加工物を用いていないことから再生医療等安全性確保法の規制対象外となっており、安全性、有効性について十分なエビデンスが蓄積されていない治療法が無規制で実施されていることを危惧する意見もあります。また、治療法としての安全性、有効性も十分に担保されているとはいえないことに加えて、培養上清やエクソソームの原料や製造方法についても製造者によってばらつきが大きく、品質を担保する方法がないことも課題となっています。東京医科大学の研究グループは、自由診療を行っているクリニックで使用されているエクソソームの製品12品目について解析を行った結果、3品目でエクソソームが含まれていることが確認できなかったという研究結果を発表しています。

1　幹細胞を培養した後の培養液から細胞を取り除き、不純物の除去、濾過、滅菌などを行った上澄み液。幹細胞から分泌された成長因子や抗炎症因子、エクソソームなどの細胞外小胞などが含まれている。
2　細胞から分泌される細胞外小胞（細胞由来のタンパク質や核酸が脂質の膜に包まれた顆粒状の物体）の一種で、細胞間の情報伝達に働いていると考えられている。幹細胞培養上清からエクソソームのみを分離する方法により製造される。

このような状況に対して、日本再生医療学会は 2023 年 10 月 27 日にはエクソソームを含む細胞外小胞を用いた治療を、再生医療等安全性確保法の対象とすることを提言し、2024 年 4 月 30 日には細胞外小胞等の臨床応用に関するガイダンスを発表しています。また、厚生労働省も 2024 年 7 月 31 日に再生医療等実施医療機関に対して再生医療学会のガイダンスを参照して安全な実施を求める事務連絡と、都道府県等に対してエクソソーム等に対する無承認無許可医薬品としての薬機法に基づく指導及び取締りの徹底を求める事務連絡を発出しています。

　再生医療等に該当せず、再生医療等安全性確保法の規制対象外となっているこのような治療法の動向について注視していくことは、今後の再生医療等の展望を考えるうえで重要となると思われます。

（2）改正再生医療等安全性確保法の成立

　令和 6（2024）年 6 月 14 日に「再生医療等の安全性の確保等に関する法律及び臨床研究法の一部を改正する法律（令和 6 年法律第 51 号）」（以下、「改正再生医療等安全性確保法」という）が公布されました。この改正再生医療等安全性確保法では、「再生医療等安全性確保法の対象拡大及び再生医療等の提供基盤の整備」として、主に以下の 2 点について改正が行われました。

---

① 　細胞加工物を用いない遺伝子医療等の規制対象への追加
② 　認定再生医療等委員会の設置者に対する立入調査、欠格事由の規定の整備

---

①　細胞加工物を用いない遺伝子医療等の規制対象への追加

　従来、遺伝子の導入や改変を行った細胞加工物を用いた治療

（ex vivo 遺伝子治療）は再生医療等安全性確保法の規制対象となっていましたが、ウイルスベクターやゲノム編集酵素などを用いて体内で直接遺伝子の導入や改変を行う治療（in vivo 遺伝子治療）は規制対象外となっていました。今回の改正では、in vivo 遺伝子治療についても細胞加工物を用いる治療と同じく感染症やがん化などの安全性のリスクがあるため、再生医療等安全性確保法の規制対象となります。

　このような in vivo 遺伝子治療は、再生医療等安全性確保法の制定時点では普及していませんでしたが、近年はがんの治療などを目的として民間のクリニックで実施される事例が増えているため、規制対象として追加される形となります。

②　認定再生医療等委員会の設置者に対する立入調査、欠格事由の規定の整備

　従来、認定再生医療等委員会（詳細については後述）については厚生労働省などによる立入調査の規定は設けられておらず、設置者の欠格事由も定められていませんでした。しかしながら、再生医療等を提出する医療機関と審査を行う認定再生医療等委員会の設置者が同じである場合や、特定の企業と関係性を持った認定再生医療等委員会がその企業が関与する再生医療等提供計画を審査する場合などで、適切な審査が行われておらず審査が形骸化しているケースが見られ、審査の適切性を確保するためにこのような改正が行われました。

　本書執筆時点では改正再生医療等安全性確保法の具体的な運用を定める政令、省令、通知などが出ておらず、詳細については明らかになっていないものの、再生医療等安全性確保法が改正されたことにより今後の動向にも変化が見られるものと思われます。

第2章

再生医療等に関する基礎知識

第2章では、再生医療等安全性確保法に基づく手続きの種類、再生医療等の定義、主な再生医療等技術など、再生医療等に関する基礎知識を解説します。

1 再生医療等安全性確保法

第1章で述べたように、再生医療等の安全性を確保しつつ迅速な実用化を可能にすることを目的として、2015年に再生医療等安全性確保法が施行されました。

再生医療等安全性確保法の1条には、以下のように目的が記載されています。

●再生医療等安全性確保法

（目的）
第1条　この法律は、再生医療等に用いられる再生医療等技術の安全性の確保及び生命倫理への配慮（以下「安全性の確保等」という。）に関する措置その他の再生医療等を提供しようとする者が講ずべき措置を明らかにするとともに、特定細胞加工物の製造の許可等の制度を定めること等により、再生医療等の迅速かつ安全な提供及び普及の促進を図り、もって医療の質及び保健衛生の向上に寄与することを目的とする。

（下線は筆者）

下線で示したとおり、この法律では「再生医療等を提供しようとする者が講ずべき措置」と「特定細胞加工物の製造の許可等の制度」を規定しており、この法律によって以下の3つに関する手続きが定められています。

(1) 再生医療等提供計画の提出
(2) 認定再生医療等委員会の設置
(3) 特定細胞加工物製造届出・許可申請・認定申請

（1）再生医療等提供計画の提出

　再生医療等安全性確保法の４条によって規定されているとおり、再生医療等を提供しようとする医療機関の管理者は、「再生医療等提供計画」を作成し、厚生労働省（第二種、第三種は地方厚生局長）に提出する必要があります。

●再生医療等安全性確保法

（再生医療等提供計画の提出）

第４条　再生医療等を提供しようとする病院又は診療所（医療法第５条第１項に規定する医師又は歯科医師の住所を含む。第３号を除き、以下同じ。）の管理者（同項に規定する医師又は歯科医師を含む。以下この章及び次章において同じ。）は、厚生労働省令で定めるところにより、あらかじめ、第一種再生医療等、第二種再生医療等及び第三種再生医療等のそれぞれにつき厚生労働省令で定める再生医療等の区分ごとに、次に掲げる事項（第２号に掲げる再生医療等が第三種再生医療等である場合にあっては、第３号に掲げる事項を除く。）を記載した再生医療等の提供に関する計画（以下「再生医療等提供計画」という。）を厚生労働大臣に提出しなければならない。

（2）認定再生医療等委員会の設置

　再生医療等を提供しようとする医療機関は、①の再生医療等提供計画を厚生労働大臣または地方厚生局長に提出する前に、再生医療等に関して識見を有する者から構成される「認定再生医療等委員会」による審査を受ける必要があります。

　認定再生医療等委員会は厚生労働省などの行政庁が設置するのではなく、医療機関の開設者や医学医術に関する学術団体、NPO 法人などの非営利法人などが設置することとされており、認定再生医療等委員会の設置者は、認定再生医療等委員会認定申

請を厚生労働大臣または地方厚生局長に提出し、認定を受ける必要があります。

●再生医療等安全性確保法

（再生医療等委員会の認定）

第26条　再生医療等に関して識見を有する者から構成される委員会であって、次に掲げる業務（以下「審査等業務」という。）を行うもの（以下この条において「再生医療等委員会」という。）を設置する者（病院若しくは診療所の開設者又は医学医術に関する学術団体その他の厚生労働省令で定める団体（法人でない団体にあっては、代表者又は管理人の定めのあるものに限る。）に限る。）は、その設置する再生医療等委員会が第4項各号に掲げる要件（当該再生医療等委員会が第三種再生医療等提供計画（第三種再生医療等に係る再生医療等提供計画をいう。以下同じ。）のみに係る審査等業務を行う場合にあっては、同項第1号（第三種再生医療等提供計画に係る部分を除く。）に掲げる要件を除く。）に適合していることについて、厚生労働大臣の認定を受けなければならない。

（3）特定細胞加工物製造届出・許可申請・認定申請

再生医療等に用いられる「特定細胞加工物」を製造する施設は、以下のように設置者の種類に応じて届出、許可申請または認定申請を行う必要があります。

① 医療機関内に設置される施設、再生医療等製品製造業者
→特定細胞加工物製造届出

② 日本国内に所在する①以外の施設
→特定細胞加工物製造許可申請

③ 日本国外に所在する①以外の施設
→特定細胞加工物製造認定申請

　再生医療等安全性確保法が施行される前、治療に用いる細胞加工物を医療機関以外の事業者が製造する行為は無承認無許可医薬品の製造に該当し、旧薬事法に抵触する行為でしたが、再生医療等安全性確保法により特定細胞加工物の製造に関する手続きが規定されたことにより、医療機関以外の事業者への特定細胞加工物の製造が解禁された形となっています。

●再生医療等安全性確保法

（特定細胞加工物の製造の許可）

第35条　特定細胞加工物の製造をしようとする者（第40条第1項の規定に該当する者を除く。）は、厚生労働省令で定めるところにより、細胞培養加工施設ごとに、厚生労働大臣の許可を受けなければならない。

（外国における特定細胞加工物の製造の認定）

第39条　外国において、本邦において行われる再生医療等に用いられる特定細胞加工物の製造をしようとする者は、厚生労働省令で定めるところにより、細胞培養加工施設ごとに、厚生労働大臣の認定を受けることができる。

（特定細胞加工物の製造の届出）

第40条　細胞培養加工施設（病院若しくは診療所に設置されるもの、医薬品医療機器等法第23条の22第1項の許可（厚生労働省令で定める区分に該当するものに限る。）を受けた製造所に該当するもの又は移植に用いる造血幹細胞の適切な提供の推進に関する法律第30条第1項の臍帯血供給事業の許可を受けた者が臍帯血供給事業の用に供するものに限る。以下この条において同じ。）において特定細胞加工物の製造をしようとする者は、厚生労働省令で定めるところにより、細胞培養加工施設ごとに、次に掲げる事項を厚生労働大臣に届け出なければならない。

2 再生医療等とは

（1）再生医療等の定義

　再生医療等安全性確保法における「再生医療等」の定義を理解するためには、以下の各用語の定義を理解することが必要となります。

　同法第2条第2項には、「安全性の確保等に関する措置その他のこの法律で定める措置を講ずることが必要なものとして政令で定めるものをいう」とありますが、「再生医療等の安全性の確保等に関する法律施行令（平成26年政令第278号）」（以下、「政令」という）では再生医療等に該当する医療技術を列記するのではなく、再生医療等に該当しない医療技術を列記する形がとられています。

●再生医療等安全性確保法

（定義）
第2条　この法律において「再生医療等」とは、再生医療等技術を用いて行われる医療（医薬品、医療機器等の品質、有効性及び安全性の確保等に関する法律（昭和35年法律第145号。以下「医薬品医療機器等法」という。）第80条の2第2項に規定する治験に該当するものを除く。）をいう。
2　この法律において「再生医療等技術」とは、次に掲げる医療に用いられることが目的とされている医療技術であって、細胞加工物を用いるもの（細胞加工物として再生医療等製品（医薬品医療機器等法第23条の25又は第23条の37の承認を受けた再生医療等製品をいう。第4項において同じ。）のみを当該承認の内容に従い用いるものを除く。）のうち、その安全性の確保等に関する措置その他のこの法律で定める措置を講ずることが必要なも

のとして政令で定めるものをいう。
一　人の身体の構造又は機能の再建、修復又は形成
二　人の疾病の治療又は予防
3　この法律において「細胞」とは、細胞加工物の原材料となる人
又は動物の細胞をいう。
4　この法律において「細胞加工物」とは、人又は動物の細胞に培
養その他の加工を施したものをいい、「特定細胞加工物」とは、
再生医療等に用いられる細胞加工物のうち再生医療等製品である
もの以外のものをいい、細胞加工物について「製造」とは、人又
は動物の細胞に培養その他の加工を施すことをいい、「細胞培養
加工施設」とは、特定細胞加工物の製造をする施設をいう。

　政令では以下のように定められており、造血幹細胞移植、精子
や未受精卵を加工して用いる生殖補助医療について、性質を変え
る操作が行われていない場合は再生医療等から除外されていま
す。

●政令

（再生医療等技術の範囲）
第1条　再生医療等の安全性の確保等に関する法律（以下「法」と
いう。）第2条第2項の政令で定めるものは、同項各号に掲げる
医療に用いられることが目的とされている医療技術であって、細
胞加工物を用いるもの（細胞加工物として再生医療等製品（医薬
品、医療機器等の品質、有効性及び安全性の確保等に関する法律
（昭和35年法律第145号）第23条の25又は第23条の37
の承認を受けた再生医療等製品をいう。）のみを当該承認の内容
に従い用いるものを除く。）のうち、次に掲げる医療技術以外の
医療技術とする。
一　細胞加工物を用いる輸血（その性質を変える操作を加えた血
球成分（赤血球、白血球又は血小板をいう。以下この号におい
て同じ。）又は人若しくは動物の細胞から作製された血球成分
を用いるもの（第3号に掲げる医療技術を除く。）を除く。）

二　移植に用いる造血幹細胞の適切な提供の推進に関する法律（平成24年法律第90号）第2条第2項に規定する<u>造血幹細胞移植</u>（その性質を変える操作を加えた造血幹細胞又は人若しくは動物の細胞から作製された造血幹細胞を用いるもの（次号に掲げる医療技術を除く。）を除く。）

三　<u>人の精子</u>（精細胞及びその染色体の数が精子の染色体の数に等しい精母細胞を含む。以下この号において同じ。）又は<u>未受精卵</u>（未受精の卵細胞及びその染色体の数が未受精の卵細胞の染色体の数に等しい卵母細胞をいう。以下この号において同じ。）<u>に培養その他の加工を施したものを用いる医療技術</u>（人から採取された人の精子及び未受精卵から樹立された<u>胚性幹細</u>（はい）<u>胞</u>又は当該胚性幹細胞（はい）に培養その他の加工を施したものを用いるもの（当該胚性幹細胞（はい）から作製された人の精子若しくは未受精卵又は当該精子若しくは未受精卵に培養その他の加工を施したものを用いるものを除く。）を除く。）

（下線は筆者）

　以上の定義を踏まえて、「再生医療等」の定義を図示すると**図表2-1**のようになります。

図表2-1　再生医療等の定義

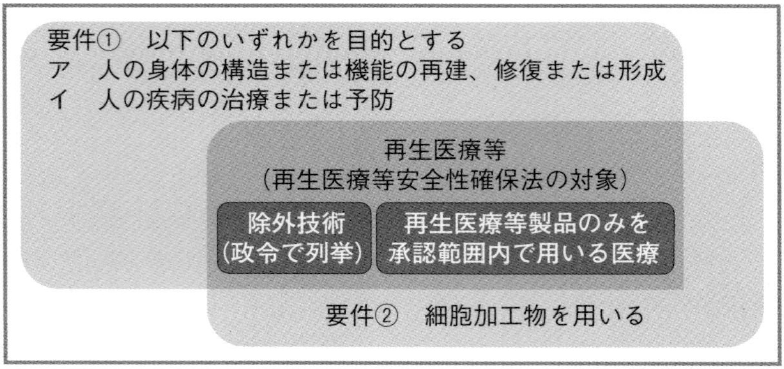

```
要件①　以下のいずれかを目的とする
ア　人の身体の構造または機能の再建、修復または形成
イ　人の疾病の治療または予防

          再生医療等
     （再生医療等安全性確保法の対象）

  除外技術        再生医療等製品のみを
（政令で列挙）    承認範囲内で用いる医療

      要件②　細胞加工物を用いる
```

　要件①についてはほとんどの医療技術が該当するため、要件②の細胞加工物を用いるか否かが「再生医療等」に該当するかの判断をするにあたり要となります。

　人または動物の細胞に培養、その他の加工を施したものが「細胞加工物」と定義されているため、「加工」の定義についても理解が必要となります。「加工」の定義は「厚生労働省医政局研究開発振興課長通知（医政研発1031第1号）」（以下、「課長通知」という）により、以下のように示されています。

課長通知　Ⅱ（1）　法2条4項関係

　「加工」とは、細胞・組織の人為的な増殖・分化、細胞の株化、細胞の活性化等を目的とした薬剤処理、生物学的特性改変、非細胞成分との組み合わせ又は遺伝子工学的改変等を施すことをいうものとすること。

　組織の分離、組織の細切、細胞の分離、特定細胞の単離（薬剤等による生物学的・化学的な処理により単離するものを除く。）、抗生物質による処理、洗浄、ガンマ線等による滅菌、冷凍、解凍等は「加工」とみなさないものとすること（ただし、本来の細胞と異なる構造・機能を発揮することを目的として細胞を使用するものについてはこの限りでない。）。

　大まかにいうと、外部的な要因により細胞の性質を変化させる行為が「加工」に該当します。また、かっこ書きによって「本来の細胞と異なる構造・機能を発揮することを目的として細胞を使用する」ことは「加工」とみなさない行為から除外されており、このような場合は「加工」に該当することにも注意が必要となります。

（2）再生医療等に該当する治療法の例

　（1）で述べた定義に該当し、再生医療等として再生医療等安

全性確保法の対象となる治療法として、以下の例が挙げられます（主に本書執筆時点の医療技術の範囲内で想定されるものを記載している）。

①　培養した細胞を用いる治療法

　培養とはフラスコやディッシュの中で細胞を育てて増殖させる技術であり、加工に該当する行為です。脂肪や骨髄、臍帯血から分離された幹細胞や、血液中の免疫細胞を培養して使用する治療法があります。

②　酵素処理により単離した細胞を用いる治療法

　特定細胞の単離は加工に該当しませんが、「薬剤等による生物学的・化学的な処理により単離するものを除く」とされています。タンパク質を分解する酵素を用いて細胞間のタンパク質による結合を分解して単離する操作は、「薬剤等による生物学的・化学的な処理」に該当するため加工とみなされ、このような操作を伴う治療法は再生医療等に該当します。脂肪から幹細胞を含む画分を分離して培養せずに使用する治療法が例として挙げられます。

③　本来の細胞と異なる構造・機能を発揮することを目的として細胞を使用する治療法

　血液中の血小板と呼ばれる細胞を遠心分離によって濃縮した多血小板血漿を用いる治療法は、加工の定義に列挙されている操作には該当しませんが、本来はかさぶたを形成して傷の治癒を促進する細胞である血小板を、本来とは異なる機能を発揮させることを目的として使用するため、加工に該当し再生医療等安全性確保法の対象となっています。

（3）再生医療等に該当しない治療法の例

　細胞を用いるものの、（1）で述べた定義に該当せず、再生医療等安全性確保法の対象とならない治療法の代表例として、臓器移植や組織移植が挙げられます。心臓、肺、肝臓、腎臓、膵臓、小腸、眼球（角膜）などの臓器や、心臓弁、血管、皮膚、骨などの組織を加工の定義には含まれない組織の分離、組織の細切などの操作のみを経て移植する臓器移植、組織移植は細胞を用いていますが再生医療等には該当しません。

　ただし、膵臓から膵島（ランゲルハンス島）と呼ばれるインスリンを産生する細胞を分離して移植する膵島移植は組織移植の一種ですが、膵島を分離する際に加工に含まれる操作である酵素処理を行うため、細胞加工物を用いる治療法として再生医療等に該当します。

（4）薬機法との関係

　再生医療等安全性確保法では第2条第1項において、再生医療等から薬機法による治験に該当するものが除外され、第2条第2項において再生医療等技術から薬機法に基づき承認された再生医療等製品を承認の範囲内で使用する治療法が除外されています。これらの規定によって、再生医療等安全性確保法と薬機法の二重規制にならないようにされています。

　薬機法と再生医療等安全性確保法の違いについては、**図表2－2**のように整理することができます。

図表2-2　医薬品医療機器等法（薬機法）と再生医療等安全性確保法の違い

医薬品医療機器等法	再生医療等安全性確保法
再生医療等に用いる「細胞加工物」に対して「医薬品」や「医療機器」に準じた規制を課し、責任は**製造販売業者（開発業者）**が負う。 **製造販売承認**を取得した「**再生医療等製品**」は、どこの医療機関でも使用可能となる。 規制対象：再生医療等製品 責任：製造販売業者	再生医療等を「治療法」として規制し責任は**再生医療等を提供する者**が負う。 **再生医療等提供計画**を提出している医療機関は、特定細胞加工物製造事業者に細胞加工物の**製造を委託**することができる。 規制対象：治療法 責任：再生医療等を提供する者（医師）

　執筆時点での動向としては、再生医療等安全性確保法のほうが治療を実施するためのハードルが低く、細胞加工物を用いた治療法は再生医療等安全性確保法に基づく再生医療等として実施されることのほうが多くなっています。

（5）注意点

　再生医療等の定義と、どのような治療法が再生医療等に該当し再生医療等安全性確保法の規制対象となるのかを説明してきましたが、重要な注意点があります。それは、再生医療等安全性確保法の規制対象とならなかったとしても、他の法律の規制対象となる可能性はあるということです。特に注意が必要なこととして、細胞を用いないため細胞加工物には該当しなくても、薬機法により規制される「医薬品」に該当する可能性はあるということが挙げられます。薬機法において、医薬品は以下のように定義されています。

●薬機法

> （定義）
> 第２条　この法律で「医薬品」とは、次に掲げる物をいう。
> 　一　日本薬局方に収められている物
> 　二　人又は動物の<u>疾病の診断、治療又は予防に使用される</u>ことが目的とされている物であつて、機械器具等（機械器具、歯科材料、医療用品、衛生用品並びにプログラム（電子計算機に対する指令であつて、一の結果を得ることができるように組み合わされたものをいう。以下同じ。）及びこれを記録した記録媒体をいう。以下同じ。）でないもの（医薬部外品及び再生医療等製品を除く。）
> 　三　人又は動物の<u>身体の構造又は機能に影響を及ぼす</u>ことが目的とされている物であつて、機械器具等でないもの（医薬部外品、化粧品及び再生医療等製品を除く。）

（下線は筆者）

　再生医療等と関連するところでは、**第1章**で紹介した幹細胞培養上清やエクソソームは細胞が含まれていないため細胞加工物ではなく、これらの物品を使用した治療法は再生医療等安全性確保法の対象ではありません。しかしながら、幹細胞培養上清やエクソソームにおいて上記下線部分を目的として使用する場合は、医薬品の定義に該当するため医薬品として薬機法の規制対象となります。2024年7月31日に厚生労働省医薬局監視指導・麻薬対策課が発出した事務連絡「エクソソーム試薬に係る監視指導について」でも、「エクソソーム試薬のうち医薬品と誤認させるものや医薬品的効果効能を標ぼうし、又は暗示するものについては、下記のとおり、無承認無許可医薬品として貴管下販売業者等に対する薬機法に基づく指導及び取締りの徹底をお願いいたします。」と記載されています。無承認無許可医薬品は薬機法によって製造や販売は禁止されていますが、使用は禁止されていないため、医

療機関において医師の判断に基づいて使用することは可能ですが、これらの物品を製造する事業者は薬機法による取り締まりの対象となります。

　執筆時点で医療機関での治療に用いられている幹細胞培養上清やエクソソームは、主に研究用試薬として製造、販売されていますが、上述した事務連絡では「試薬としての使用目的が明示されていないなど、『治療等以外の目的で使用するもの』であることが明らかでないもの」も指導及び取り締まりの対象になると記載されており、研究用試薬という名目にするだけでは取り締まりを免れることはできません。

3 再生医療等のリスク分類

　再生医療等技術は、第一種、第二種、第三種の3種類に分類されており、この分類によって再生医療等を実施するための手続きにも一部違いがあります。それぞれ以下のように定義されており、第一種が最もリスクが高く、第三種が最もリスクが低くなっています。

●再生医療等安全性確保法

（定義）〈一部抜粋〉

第2条

5　この法律において「第一種再生医療等技術」とは、人の生命及び健康に与える影響が明らかでない又は相当の注意をしても人の生命及び健康に重大な影響を与えるおそれがあることから、その安全性の確保等に関する措置その他のこの法律で定める措置を講ずることが必要なものとして厚生労働省令で定める再生医療等技術をいい、「第一種再生医療等」とは、第一種再生医療等技術を

用いて行われる再生医療等をいう。

6　この法律において「第二種再生医療等技術」とは、相当の注意をしても人の生命及び健康に影響を与えるおそれがあることから、その安全性の確保等に関する措置その他のこの法律で定める措置を講ずることが必要なものとして厚生労働省令で定める再生医療等技術（第一種再生医療等技術に該当するものを除く。）をいい、「第二種再生医療等」とは、第二種再生医療等技術を用いて行われる再生医療等をいう。

7　この法律において「第三種再生医療等技術」とは、第一種再生医療等技術及び第二種再生医療等技術以外の再生医療等技術をいい、「第三種再生医療等」とは、第三種再生医療等技術を用いて行われる再生医療等をいう。

　第一種、第二種については「厚生労働省令で定める」と記載されており、「再生医療等の安全性の確保等に関する法律施行規則（平成26年厚生労働省令第110号）」（以下、「省令」という）で以下のように規定されています。

●省令

（第一種再生医療等技術）

第2条　法第2条第5項の厚生労働省令で定める再生医療等技術は、次のいずれかに該当する医療技術とする。

　一　人の胚性幹細胞、人工多能性幹細胞又は人工多能性幹細胞様細胞に培養その他の加工を施したものを用いる医療技術

　二　遺伝子を導入若しくは改変する操作を行った細胞又は当該細胞に培養その他の加工を施したものを用いる医療技術（前号に掲げるものを除く。）

　三　動物の細胞に培養その他の加工を施したものを用いる医療技術（前二号に掲げるものを除く。）

　四　投与を受ける者以外の人の細胞に培養その他の加工を施したものを用いる医療技術（前三号に掲げるものを除く。）

　省令第２条及び第３条に基づき、再生医療等技術のリスク分
類は課長通知に**図表２－３**のように図示されています。

図表２－３　再生医療等技術のリスク分類（課長通知　Ⅲ）

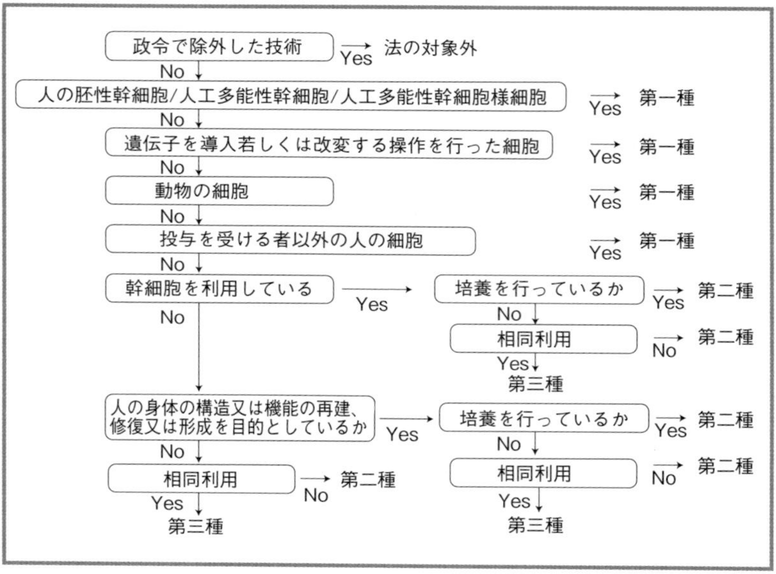

（厚生労働省）

　これらのリスク分類を理解するために必要となる用語の定義は、以下のとおりとなります。

●省令

> （用語の定義）〈一部抜粋〉
> 第１条　この省令において、次の各号に掲げる用語の定義は、それぞれ当該各号に定めるところによる。
> 　一　「幹細胞」とは、自己複製能（自己と同一の能力を有する細胞を複製する能力をいう。）及び多分化能（異なる系列の細胞に分化する能力をいう。）を有する細胞をいう。
> 　二　「人工多能性幹細胞」とは、人工的に多能性（内胚葉、中胚葉及び外胚葉の細胞に分化する性質をいう。）を誘導された幹細胞をいう。
> 　三　「人工多能性幹細胞様細胞」とは、前号以外の細胞であって人工多能性幹細胞と類似の性質を有する細胞をいう。
> 　四　「相同利用」とは、採取した細胞が再生医療等（再生医療等の安全性の確保等に関する法律（平成25年法律第85号。以下「法」という。）第２条第１項に規定する再生医療等をいう。以下同じ。）を受ける者の再生医療等の対象となる部位の細胞と同様の機能を持つ細胞の投与方法をいう。

　特に重要になるのは、「相同利用」という概念です。**図表２－３**のとおり、相同利用でなければ第三種に分類されることはなく、リスク分類を判断するうえで重要なポイントとなります。

　上の定義のとおり、再生医療等に使用する細胞の採取部位と投与部位が同様の機能を持つ場合に相同利用となります。課長通知では以下のように解釈が示されています。

> 課長通知　Ⅲ２　（3）省令３条３号関係
> 　「相同利用」については、採取した細胞が再生医療等を受ける者の再生医療等の対象となる部位の細胞と同様の機能を持つ細胞の投与方法をい

い、例えば腹部から脂肪細胞を採取し、当該細胞から脂肪組織由来幹細胞を分離して、乳癌の術後の幹部に乳房再建目的で投与することは相同利用に該当するが、脂肪組織由来幹細胞を糖尿病の治療目的で経静脈的に投与することは、脂肪組織の再建を目的としていないため相同利用には該当しない。また、末梢血を遠心分離し培養せずに用いる医療技術については、例えば、皮膚や口腔内への投与は相同利用に該当するが、関節腔内等、血流の乏しい組織への投与は相同利用に該当しない。

　具体的には、以下のような場合に相同利用と判断されます。
・血液を採取して濃縮して製造される多血小板血漿を血流が豊富な組織に注射する場合
・脂肪から分離した脂肪由来幹細胞を乳房や顔の皮下脂肪の中に注射する場合
・血液を採取して培養した免疫細胞を静脈点滴する場合

　相同利用かどうかの判断が特に重要で、かつ、わかりづらいのが多血小板血漿を用いた治療法です。上述した例のように、血流が豊富な組織に多血小板血漿を注射する場合は相同利用となり、第三種再生医療等技術と判断されますが、課長通知では相同利用に該当する組織として皮膚や口腔内、血流の乏しい組織の例として関節腔内が挙げられているだけで、どの程度の血流があれば相同利用に該当するのかは示されていません。つまり、相同利用に該当するか否かの判断は、最終的には地方厚生局の担当者に委ねられているということです。
　参考として、執筆時点で筆者が把握している相同利用に該当する組織、該当しない組織は以下のとおりです。

相同利用に該当する組織：皮膚、口腔内、頭皮、筋肉、腱、靭帯
相同利用に該当しない組織：関節腔内、腰椎、子宮内膜、卵巣、角膜

　なお、一部の医療機器メーカーにより多血小板血漿をさらに濃縮する医療機器が製造販売されており、その医療機器を使用して濃縮された多血小板血漿を使用する場合は第二種、それ以外の医療機器を用いて製造した通常の多血小板血漿を使用する場合は第三種だと思っている方もいるようですが、その理解は間違いです。多血小板血漿の場合は、相同利用か否かで第二種と第三種のどちらに分類されるかが決まります。

4 　主要な再生医療等技術

　本書執筆時点で多くの医療機関が実施している主な再生医療技術としては、以下が挙げられます。なお、iPS 細胞などを用いた第一種再生医療等技術も大学病院などで研究目的として実施されているものはありますが、ここでは一般の医療機関で実施されている再生医療等技術に絞って解説します。

（１）脂肪由来幹細胞を用いた治療

　脂肪由来幹細胞（Adipose-Derived Stem Cells, ADSCs）は、脂肪組織の中に含まれる幹細胞の一種で、間葉系幹細胞という種類の幹細胞に分類されています。幹細胞としての性質を保ったまま増殖し続けることができる自己複製能と、様々な種類の細胞に分化することができる多能性を持っており、類似した性質を持つ骨髄由来間葉系幹細胞よりも採取が容易で、患者への負担も少ないことから、再生医療等に用いる細胞として有用であると考えられている細胞です。また、成長因子や抗炎症因子、エクソソームなどを分泌する能力があることがわかっており、脂肪由来幹細胞

自体の多能性だけでなく、脂肪由来幹細胞から分泌される物質が治療において重要な働きをしていると考えられます。

　脂肪由来幹細胞を用いた治療の流れとして、まずは患者の腹部や太ももから脂肪吸引やブロック採取により脂肪組織を採取します。その後、脂肪組織を細胞培養加工施設（Cell processing center: CPC）に運び、タンパク質分解酵素を用いて脂肪組織から脂肪由来幹細胞を含む間質血管画分（stromal vascular fraction: SVF）を分離し、培養により脂肪由来幹細胞を特異的に増殖させます。必要な細胞数まで増殖したら、医療機関に運び局所注射や静脈点滴により投与します。

　培養した脂肪由来幹細胞を用いる治療は第二種再生医療等技術に分類され、以下のような疾患の治療に用いられています。

・変形性関節症（関節腔内への局所投与）

・しわ・たるみ、顔面萎縮症（皮膚への局所投与）

・慢性疼痛（静脈点滴）

・動脈硬化（静脈点滴）

・糖尿病（静脈点滴）

・肝疾患（静脈点滴）

　なお、脂肪組織から分離した間質血管画分[3]を培養せずにそのまま使用する治療法もあり、脂肪組織の中に投与する場合は相同利用に該当し第三種再生医療等技術に該当します。しわ、たるみ等の治療のために顔面に注射する場合や、豊胸や乳房切除後の乳房再建に用いる場合などが例として挙げられます。一方で、脂肪組織以外に投与する場合は第二種再生医療等技術に該当し、変形性関節症の治療のために未培養の間質血管画分を関節腔内に投与

3　脂肪組織をタンパク質分解酵素により処理し、脂肪細胞を除去したもの。脂肪由来幹細胞の他に前脂肪細胞、成熟内皮細胞、内皮前駆細胞、血管平滑筋細胞（SMC）、周皮細胞、壁細胞、マクロファージ、線維芽細胞などが含まれている。

する治療を行う医療機関もあります。

（2）多血小板血漿（PRP）を用いた治療

　血小板は血液中に含まれ、生体内での主な働きは外傷の際にかさぶたを形成し止血することです。血小板は血液を凝固させるだけでなく、様々な成長因子を分泌する能力を有していることがわかっており、それを利用したのが多血小板血漿（Platelet rich plasma:PRP）を用いた治療です。この治療法は、患者本人の血液を採取して遠心分離により血小板を濃縮することで多血小板血漿を製造し、治療部位への注射などによって投与する治療法です。

　多血小板血漿は以下のような疾患の治療に用いられています（かっこ内はリスク分類）。

・変形性関節症（第二種）

・筋肉、腱、靭帯などの損傷（第三種）

・しわ、たるみ（第三種）

・子宮内膜菲薄化、卵巣機能不全による不妊症（第二種）

・ドライアイ（第二種）

・口腔内組織の再生（第三種）

・褥瘡（床ずれ）、難治性潰瘍（第三種）　※施設基準を満たす場合は保険適用

（3）がん免疫細胞療法

　がん免疫細胞療法は、がんの治療や予防を目的として患者本人の血液から分離した免疫細胞を培養、活性化して静脈点滴により投与する治療法です。NK細胞やT細胞、NKT細胞、樹状細胞など、様々な免疫細胞が用いられ、複数種類の免疫細胞を組み合わせて用いる場合もあるためバリエーションの多い治療法となっ

ていますが、遺伝子導入・改変などを伴わない限りは第三種再生医療等技術に分類されます。

　本書執筆時点では、最も提供計画提出件数の多い再生医療等となっています。

（4）線維芽細胞移植

　線維芽細胞とは、皮膚の真皮層に存在し、コラーゲンなどを生成して皮膚の弾力を生み出す細胞です。線維芽細胞が加齢や紫外線などのダメージにより減少することが肌の老化の原因の１つであることがわかっており、患者の皮膚から採取した線維芽細胞を培養により増殖させて皮膚に注射することにより、肌の若返りを図る治療法が行われています。線維芽細胞は幹細胞ではありませんが、培養した細胞を「人の身体の構造又は機能の再建、修復又は形成」に用いるため、第二種再生医療等技術に該当します。

5　再生医療等の活用場面（どのような施設で実施されているか）

　まずは当然ではありますが、再生医療等は医療技術であるため医療機関でしか実施することができません。医療機関以外のエステサロンなどで再生医療エステなどと謳って施術している事例も多くありますが、このようなエステサロンなどで実施されている施術は細胞を含まない培養上清液などを使用しており、本書で解説している再生医療等とは明確に異なるものです。

　そして、再生医療等という言葉を聞くとiPS細胞などを用いた治療をイメージする方が多く、大学病院などの研究機関でのみ実施されていて一般の医療機関ではほとんど実施されていないので

はないかと思われがちですが、ここまでに説明してきたように一般の医療機関でも再生医療等は実施されています。病院と診療所という分類で見ると、多血小板血漿を用いた変形性関節症を用いた治療などの一部の例外を除いて、病院よりも診療所で実施されているケースのほうが多くなっています。診療科としては、整形外科や美容クリニック、がん治療を行うクリニックなどが多くなっており、近年では再生医療等を専門とするクリニックも増えています。

　再生医療等はごく一部を除いて保険適用外で自由診療となり、比較的安価な治療法でも数万円程度、高額な治療法では数百万円程度と治療費が高額になるため、再生医療等を受ける患者としては富裕層が中心となっています。中国や韓国などからの訪日外国人旅行者が再生医療等を受けるケースも増えており、再生医療等を専門とするクリニックでは英語、中国語、韓国語などへの対応体制を整備しているところが多くなっています。

　このように訪日外国人旅行者が日本で再生医療等を受けるケースが増えている理由として、1つは日本の医療技術の高さや信頼性が評価されているということが挙げられます。そしてもう1つの理由は、日本以外の国では再生医療等安全性確保法に相当する法律がなく、そのような国では再生医療等技術は医薬品や医療機器などと同じように治験を行ったうえで承認を得る必要があり、現在の科学的根拠のレベルでは承認を受けることが難しいため実質的に再生医療等を実施できないということが挙げられ、おそらくこちらのほうが主要な理由になっていると考えられます。

再生医療等の実施のために
必要となる知識
（法令・通知など）

第3章では、再生医療等の実施のために
必要となる知識として、重要な法令上の規
定、通知などについて解説します。

1 再生医療等提供基準

　以下に示す条文のとおり、再生医療等は「再生医療等提供基準」に従って提供する必要があり、認定再生医療等委員会による審査も再生医療等提供基準に照らして行われることとされているため、再生医療等の実施にあたっては再生医療等提供基準について理解することが重要となります。

●再生医療等安全性確保法

第３条　厚生労働大臣は、厚生労働省令で、再生医療等の提供に関する基準（以下「再生医療等提供基準」という。）を定めなければならない。

2　再生医療等提供基準は、第一種再生医療等、第二種再生医療等及び第三種再生医療等のそれぞれにつき、次に掲げる事項（第三種再生医療等にあっては、第１号に掲げる事項を除く。）について定めるものとする。

一　再生医療等を提供する病院（医療法（昭和23年法律第205号）第１条の５第１項に規定する病院をいう。以下同じ。）又は診療所（同条第２項に規定する診療所をいう。以下同じ。）が有すべき人員及び構造設備その他の施設に関する事項

二　再生医療等に用いる細胞の入手の方法並びに特定細胞加工物の製造及び品質管理の方法に関する事項

三　前二号に掲げるもののほか、再生医療等技術の安全性の確保等に関する措置に関する事項

四　再生医療等に用いる細胞を提供する者及び再生医療等（研究として行われる場合その他の厚生労働省令で定める場合に係るものに限る。）を受ける者に対する健康被害の補償の方法に関する事項

五　その他再生医療等の提供に関し必要な事項

> 3 再生医療等は、再生医療等提供基準に従って提供されなければ
> ならない。

（再生医療等委員会の認定）〈一部抜粋〉
第26条
　一　第4条第2項（第5条第2項において準用する場合を含む。）
　　の規定により再生医療等を提供しようとする病院若しくは診療
　　所又は再生医療等提供機関の管理者から再生医療等提供計画に
　　ついて意見を求められた場合において、当該再生医療等提供計
　　画について再生医療等提供基準に照らして審査を行い、当該管
　　理者に対し、再生医療等の提供の適否及び提供に当たって留意
　　すべき事項について意見を述べること。

（下線は著者）

　再生医療等提供基準は、省令第5条から第26条の13まで規定されています。ここでは、再生医療等提供基準の中で、特に重要と思われるものを抜粋して解説します。

（1）人員に関する基準

　人員に関する基準として、第一種、第二種の場合は実施責任者を配置する必要があります（第三種の場合は必須ではありませんが、実施責任者に準ずるものを置くことが望ましいとされています）。実施責任者は医師または歯科医師である必要があり、「対象となる疾患及び当該疾患に関連する分野について、十分な科学的知見並びに医療に関する経験及び知識」を有していることが求められています。省令第9条には、再生医療等を行う医師または歯科医師の要件として、「当該再生医療等を行うために必要な専門的知識及び十分な臨床経験」を有していることと規定されており、実施責任者は再生医療等を行う医師または歯科医師よりも厳

しい要件が定められています。

　なお、「医療に関する経験及び知識」（実施責任者）、「十分な臨床経験」（再生医療等を行う医師または歯科医師）とは、実施する再生医療等技術に関する経験に限定されていないため、実施する再生医療等技術の経験を有することまでは求められていません。

　この基準を満たすか否かについては、認定再生医療等委員会が審査において判断することになるため明確な判断基準はありませんが、対象疾患に対する別の治療法の臨床経験や、学会などによる研修、講習などの受講歴、対象分野の専門医資格などによって判断されることが一般的です。

●省令

（人員）
第５条　第一種再生医療等（法第２条第５項に規定する第一種再生医療等をいう。以下同じ。）又は第二種再生医療等（法第２条第６項に規定する第二種再生医療等をいう。以下同じ。）の提供を行う医療機関は、当該第一種再生医療等又は第二種再生医療等に関する業務の実施を統括するため、当該業務に係る責任者（以下「実施責任者」という。）を置かなければならない。
２　実施責任者は、医師又は歯科医師であって、実施する第一種再生医療等又は第二種再生医療等の対象となる疾患及び当該疾患に関連する分野について、十分な科学的知見並びに医療に関する経験及び知識を有していなければならず、研究として再生医療等を行う場合には、研究に関する倫理に配慮して当該研究を適正に実施するための十分な教育及び訓練を受けていなければならない。

（再生医療等を行う医師又は歯科医師の要件）
第９条　再生医療等を行う医師又は歯科医師は、当該再生医療等を行うために必要な専門的知識及び十分な臨床経験を有していなければならず、研究として再生医療等を行う場合には、研究に関す

> る倫理に配慮して当該研究を適正に実施するための十分な教育及
> び訓練を受けていなければならない。

（下線は著者）

課長通知　Ⅳ　（1）省令5条1項関係

　「実施責任者」とは、再生医療等の提供を行う医療機関において、再生医療等を行う医師又は歯科医師に必要な指示を行うほか、再生医療等が再生医療等提供計画に従って行われていることの確認など、再生医療等の実施に係る業務を統括する者をいうものであること。また、実施責任者は、再生医療等提供計画の中止又は暫定的な措置を講ずること。実施責任者は、1つの再生医療等提供計画について、再生医療等の提供を行う医療機関ごとに1名とすること。

　また、第三種再生医療等の提供を行う医療機関であっても、当該第三種再生医療等に関する業務の実施を統括する者として、実施責任者に準ずる者を置くことが望ましいこと。

（2）細胞の入手に関する基準

　細胞の入手に関しては、文書による説明、同意の取得が必要となるということが重要です。再生医療等を行うために、主に患者本人から血液や脂肪、皮膚を採取しますが、その際には下記の内容について文書により説明し、文書により同意を取得する必要があります。

●省令

（細胞の入手）〈一部抜粋〉

第7条

　六　細胞の提供を受ける際に、細胞提供者に対し、原則として、次に掲げる事項について、できる限り平易な表現を用い、<u>文書により適切な説明を行い、文書により同意を得ている</u>こと。

イ　提供する再生医療等の名称及び当該再生医療等の提供について厚生労働大臣に再生医療等提供計画（法第4条第1項に規定する再生医療等提供計画をいう。以下同じ。）を提出している旨

ロ　細胞の提供を受ける医療機関等の名称及び細胞の採取を行う医師又は歯科医師の氏名

ハ　当該細胞の使途

ニ　細胞提供者として選定された理由

ホ　当該細胞の提供により予期される利益及び不利益

ヘ　細胞提供者となることは任意であること。

ト　同意の撤回に関する事項

チ　当該細胞の提供をしないこと又は同意を撤回することにより不利益な取扱いを受けないこと。

リ　研究に関する情報公開の方法（研究として再生医療等を行う場合に限る。）

ヌ　細胞提供者の個人情報（法第15条に規定する個人情報をいう。以下同じ。）の保護に関する事項

ル　試料等（人体から取得された試料及び再生医療等に用いる情報をいう。以下同じ。）の保管及び廃棄の方法

ヲ　研究に対する第8条の8第1項各号に規定する関与に関する状況（研究として再生医療等を行う場合に限る。）

ワ　当該細胞を用いる再生医療等に係る特許権、著作権その他の財産権又は経済的利益の帰属に関する事項

カ　苦情及び問合せへの対応に関する体制

ヨ　当該細胞の提供に係る費用に関する事項

タ　当該細胞の提供による健康被害に対する補償に関する事項

レ　再生医療等の提供に伴い、細胞提供者の健康、子孫に受け継がれ得る遺伝的特徴等に関する重要な知見が得られる可能性がある場合には、当該細胞提供者に係るその知見（偶発的所見を含む。）の取扱い

ソ　細胞提供者から取得された試料等について、当該細胞提供

者から同意を得る時点では特定されない将来の研究のために用いられる可能性又は他の医療機関に提供する可能性がある場合には、その旨及び同意を受ける時点において想定される内容

ツ　再生医療等の審査等業務（法第 26 条第 1 項に規定する審査等業務をいう。以下同じ。）を行う認定再生医療等委員会（法第 26 条第 5 項第 2 号に規定する認定再生医療等委員会をいう。以下同じ。）における審査事項その他当該再生医療等に係る認定再生医療等委員会に関する事項

ネ　研究に用いる医薬品等（臨床研究法（平成 29 年法律第 16 号）第 2 条第 3 項に規定する医薬品等をいう。以下同じ。）の製造販売をし、若しくはしようとする医薬品等製造販売業者（同条第 4 項に規定する医薬品等製造販売業者をいう。以下同じ。）又はその特殊関係者（同条第 2 項第 1 号に規定する特殊関係者をいう。以下同じ。）による研究資金等（同号に規定する研究資金等をいう。以下同じ。）の提供を受けて研究を行う場合においては、同法第 32 条に規定する契約の内容（研究として再生医療等を行う場合に限る。）

ナ　その他当該細胞を用いる再生医療等の内容に応じ必要な事項

（下線は著者）

（3）特定細胞加工物の製造及び品質管理に関する基準

　特定細胞加工物の製造及び品質管理に関する基準としては、「特定細胞加工物概要書」という資料を作成する必要があります。特定細胞加工物概要書は再生医療等の提供を行う医療機関の管理者が作成しなければならないこととされており、特定細胞加工物の製造を行う事業者が作成するわけではないことに注意が必要とな

ります（特定細胞加工物概要書の作成方法、記載内容については後述する）。

●省令

（特定細胞加工物の製造及び品質管理の方法）

第8条　再生医療等の提供を行う医療機関の管理者は、再生医療等に特定細胞加工物を用いる場合においては、当該特定細胞加工物の名称、構成細胞及び製造方法等を記載した<u>特定細胞加工物概要書</u>（以下「特定細胞加工物概要書」という。）を作成しなければならない。

2　再生医療等の提供を行う医療機関の管理者は、再生医療等に特定細胞加工物を用いる場合においては、特定細胞加工物製造事業者（法第2条第8項に規定する特定細胞加工物製造事業者をいう。以下同じ。）に、法第44条に規定する特定細胞加工物製造事業者の業務に関し遵守すべき事項に従って細胞培養加工施設（法第2条第4項に規定する細胞培養加工施設をいう。以下同じ。）における特定細胞加工物の製造及び品質管理を行わせなければならない。

（下線は著者）

（4）再生医療等を行う際の責務

　再生医療等は実施医師または歯科医師の責任の下で行われるものであり、実施医師または歯科医師は安全性及び妥当性について科学的根拠に基づいて自ら判断し、特定細胞加工物の製造にあたっても必要な指示を行い、投与の可否についても実施医師または歯科医師が決定する必要があります。再生医療等提供計画の作成などを代行業者などに依頼することは可能ですが、あくまでも責任は実施医師または歯科医師にあり、業者などに丸投げすることはできないということに留意が必要です。

●省令

（再生医療等を行う際の責務）

第10条　医師又は歯科医師は、再生医療等を行う際には、<u>その安全性及び妥当性について、科学的文献その他の関連する情報又は十分な実験の結果に基づき、倫理的及び科学的観点から十分検討</u>しなければならない。

2　医師又は歯科医師は、再生医療等に特定細胞加工物を用いる場合においては、特定細胞加工物製造事業者に特定細胞加工物の製造を行わせる際に、特定細胞加工物概要書に従った製造が行われるよう、必要な指示をしなければならない。

3　医師又は歯科医師は、再生医療等に特定細胞加工物を用いる場合においては、再生医療等を受ける者に対し、特定細胞加工物の投与を行う際に、当該特定細胞加工物が特定細胞加工物概要書に従って製造されたものか確認する等により、当該特定細胞加工物の投与の可否について決定しなければならない。

4　再生医療等を行う医師又は歯科医師は、この省令、再生医療等提供計画及び研究計画書（研究として再生医療等を行う場合に限る。）に基づき再生医療等を行わなければならない。

（下線は著者）

（5）再生医療等を受ける者に対する説明及び同意

　再生医療等を受ける者に対しては、文書による説明および同意の取得（いわゆるインフォームドコンセント）が必要です。実務上では、再生医療等を受ける本人の細胞を用いる場合は（2）の細胞提供に関する同意説明と同時に行われることが多くなっています。

●省令

（再生医療等を受ける者に対する説明及び同意）

第13条　再生医療等を行う医師又は歯科医師は、再生医療等を受

ける者に対し、当該再生医療等について、<u>文書により同意を得な</u>
<u>ければならない。</u>

2 再生医療等を行う医師又は歯科医師は、前項の同意を得るに際
し、次に掲げる事項について、できる限り平易な表現を用い、<u>文</u>
<u>書により再生医療等を受ける者に説明を行わなければならない。</u>

一 提供する再生医療等の名称及び厚生労働大臣に再生医療等提
供計画を提出している旨

二 再生医療等を提供する医療機関の名称並びに当該医療機関の
管理者、実施責任者及び再生医療等を行う医師又は歯科医師の
氏名（再生医療等を多施設共同研究として行う場合にあっては、
代表管理者の氏名及び当該再生医療等を行う他の医療機関の名
称及び当該医療機関の管理者の氏名を含む。）

三 提供される再生医療等の目的及び内容

四 当該再生医療等に用いる細胞に関する情報

五 再生医療等を受ける者として選定された理由（研究として再
生医療等を行う場合に限る。）

六 当該再生医療等の提供により予期される利益及び不利益

七 再生医療等を受けることを拒否することは任意であること。

八 同意の撤回に関する事項

九 再生医療等を受けることを拒否すること又は同意を撤回する
ことにより不利益な取扱いを受けないこと。

十 研究に関する情報公開の方法（研究として再生医療等を行う
場合に限る。）

十一 再生医療等を受ける者又は代諾者の求めに応じて、研究計
画書その他の研究の実施に関する資料を入手又は閲覧できる旨
及びその入手又は閲覧の方法（研究として再生医療等を行う場
合に限る。）

十二 再生医療等を受ける者の個人情報の保護に関する事項

十三 試料等の保管及び廃棄の方法

十四 研究に対する第8条の8第1項各号に規定する関与に関
する状況（研究として再生医療等を行う場合に限る。）

十五　苦情及び問合せへの対応に関する体制

十六　当該再生医療等の提供に係る費用に関する事項

十七　他の治療法の有無及び内容並びに他の治療法により予期される利益及び不利益との比較

十八　当該再生医療等の提供による健康被害に対する補償に関する事項（研究として再生医療等を行う場合に限る。）

十九　再生医療等を受ける者の健康、子孫に受け継がれ得る遺伝的特徴等に関する重要な知見が得られる可能性がある場合には、当該者に係るその知見（偶発的所見を含む。）の取扱い

二十　再生医療等を受ける者から取得された試料等について、当該者から同意を受ける時点では特定されない将来の研究のために用いられる可能性又は他の医療機関に提供する可能性がある場合には、その旨と同意を受ける時点において想定される内容

二十一　当該再生医療等の審査等業務を行う認定再生医療等委員会における審査事項その他当該再生医療等に係る認定再生医療等委員会に関する事項

二十二　研究に用いる医薬品等の製造販売をし、若しくはしようとする医薬品等製造販売業者又はその特殊関係者による研究資金等の提供を受けて研究を行う場合においては臨床研究法第32条に規定する契約の内容（研究として再生医療等を行う場合に限る。）

二十三　その他当該再生医療等の提供に関し必要な事項

（下線は著者）

2　細胞培養加工施設の構造設備基準

　多血小板血漿（PRP）などを院内で製造する場合は、細胞培養加工施設の構造設備基準についても理解しておく必要があります。なお、**第2章❶**（3）で説明したとおり、特定細胞加工物を

製造するための手続きには届出、許可申請、認定申請の3種類がありますが、構造設備基準は共通であり、医療機関内で特定細胞加工物の製造を行い届出で足りる場合であっても、許可施設と同様の構造設備基準が適用されることに注意が必要です。

　細胞培養加工施設の構造設備基準は、省令第89条にて規定されています。構造設備基準のうち、院内でPRPなどを製造する場合に重要となる基準を抜粋して説明します。

●省令

（細胞培養加工施設の構造設備）〈一部抜粋〉

第89条　法第42条の細胞培養加工施設の構造設備の基準は、次のとおりとする。

七　作業所のうち、作業室は、次に掲げる要件に適合するものであること。

　イ　屋外に直接面する出入口（非常口を除く。）がないこと。ただし、屋外からの汚染を防止するのに必要な構造及び設備を有している場合においては、この限りでない。

　ロ　出入口及び窓は、閉鎖することができるものであること。

　ハ　室内の排水設備は、作業室の汚染を防止するために必要な構造であること。

　ニ　作業室の天井は、ごみの落ちるおそれのないような構造であること。

　ホ　室内のパイプ、ダクト等の設備は、表面にごみがたまらないような構造であること。ただし、清掃が容易である場合においてはこの限りでない。

八　作業所のうち作業室又は作業管理区域（作業室及び廊下等から構成されていて、全体が同程度に清浄の維持ができるように管理される区域をいう。）は、温度及び必要に応じて湿度を維持管理できる構造及び設備を有すること。

九　作業所のうち、清浄度管理区域は、次に掲げる要件に適合するものであること。

イ　天井、壁及び床の表面は、なめらかでひび割れがなく、かつ、じんあいを発生しないものであること。また、清掃が容易で、消毒液等による噴霧洗浄に耐えるものであること。

ロ　設備及び器具は、滅菌又は消毒が可能なものであること。

ハ　排水設備は、有害な廃水による汚染を防止するために適切な構造のものであること。

ニ　<u>排水口を設置していないこと。ただし、やむを得ないと認められる場合には、作業室の汚染を防止するために必要な構造であること。</u>

十　作業所のうち、無菌操作等区域は、次に定めるところに適合するものであること。

イ　天井、壁及び床の表面は、なめらかでひび割れがなく、かつ、じんあいを発生しないものであること。また、清掃が容易で、消毒液等による噴霧洗浄に耐えるものであること。ただし、無菌操作が閉鎖式操作で行われ無菌性が確保できる場合は、この限りではない。

ロ　設備及び器具は、滅菌又は消毒が可能なものであること。

ハ　排水設備は、有害な廃水による汚染を防止するために適切な構造のものであること。

ニ　排水口を設置していないこと。

ホ　流しを設置していないこと。

十二　作業所のうち、<u>無菌操作を行う区域は、フィルターにより処理された清浄な空気を供し、かつ、適切な差圧管理を行うために必要な構造及び設備を有すること。</u>ただし、無菌操作が閉鎖式操作で行われ無菌性が確保できる場合は、この限りではない。

（下線は著者）

　構造設備基準は一部を除いて医療機関であれば当然満たしているようなものが多く、下線で示した部分に留意して適切な部屋などを選択すれば問題ない場合がほとんどです。

　下線で示したとおり、清浄度管理区域には「排水口を設置して

いないこと。ただし、やむを得ないと認められる場合には、作業室の汚染を防止するために必要な構造であること」が条件として求められていますが、これについても消毒可能な排水トラップと逆流の防止装置などを有していれば問題なく、これらは医療機関内の流しには元々備え付けられていることが多い設備です。

　PRP などを製造するにあたって注意すべき点としては、「無菌操作を行う区域は、フィルターにより処理された清浄な空気を供し、かつ、適切な差圧管理を行うために必要な構造及び設備を有する」という規定が挙げられます。PRP を製造する容器のキャップなどを開けることがなく、密閉した状態で製造できる（閉鎖式操作と呼ばれる）製造キットを用いない限りは、クリーンベンチなどを設置する必要があります。

3 特定細胞加工物製造事業者の遵守事項

　多血小板血漿（PRP）などを院内で製造する場合は、特定細胞加工物製造事業者の遵守事項を守ることが求められます。2 で説明した構造設備基準と同様に、遵守事項についても院内製造の場合でも許可施設と同様の遵守事項が課せられることに注意が必要です。特定細胞加工物製造事業者の遵守事項は、省令第 92 条から第 100 条に規定されており、主に以下のような事項が定められています。

・施設管理者の設置
・各種手順書の作成、保管
・記録の作成、保管

4 課長通知

　ここまでにも何度か引用していますが、「課長通知（厚生労働省医政局研究開発振興課長通知（医政研発1031第1号）」は再生医療等安全性確保法、政令、省令の取扱いを示す通知であり、厚生労働省、地方厚生局の担当者はこの通知を元にこれらの法令を取り扱っているため、非常に重要な通知となっています。本章で説明してきた再生医療等提供基準、細胞培養加工施設の構造設備基準、特定細胞加工物製造事業者の遵守事項についても詳しい解釈については課長通知により示されており、これらの規定を理解するためには課長通知を参照する必要があります。

5 記載要領

　「再生医療等提供計画等の記載要領等について（厚生労働省医政局研究開発振興課事務連絡（平成26年11月21日。令和5年2月20日最新改正））」は再生医療等安全性確保法に基づく行政手続において作成が必要となる申請書、届出書やその添付書類の記載方法を示した事務連絡であり、手続きを行うにあたって重要となります。再生医療等安全性確保法に基づく行政手続は手引きが公開されておらず、ほとんどの添付書類でのひな型、様式等も公開されていないため、記載要領を参照して書類作成を行う必要があります。

第3章　再生医療等の実施のために必要となる知識（法令・通知など）

再生医療等の実施に向けた事前準備、検討事項など

第4章では、医療機関において再生医療等を実施するための事前準備や検討が必要な事項について解説します。

なお、これらの事前準備、検討事項は一部を除いて必ずしもこの順番どおりに行わなければならないわけではありませんが、著者の経験上この順番で行うことをお勧めします。

1 法令、通知などの正しい理解

　前提として、これまで説明してきたように、再生医療等は再生医療等安全性確保法により規制されていますので、当然ながら再生医療等安全性確保法をはじめとする関係法令、通知などについて正しく理解し、遵守して再生医療等を実施する必要があります。

　これまでにも説明してきた以下の法令、通知などが特に重要となります。

> ・再生医療等安全性確保法
> ・再生医療等安全性確保法施行令（政令）
> ・再生医療等安全性確保法施行規則（省令）
> ・「再生医療等の安全性の確保等に関する法律」、「再生医療等の安全性の確保等に関する法律施行令」及び「再生医療等の安全性の確保等に関する法律施行規則」の取扱いについて（平成 26 年 10 月 31 日医政研発 1031 第 1 号厚生労働省医政局研究開発振興課長通知）（課長通知）
> ・「再生医療等提供計画等の記載要領等（厚生労働省医政局研究開発振興課事務連絡（平成 26 年 11 月 21 日））」（記載要領）

　再生医療等に関する手続きを代理で行う行政書士などはこれらの法令、通知などのすべてを正確に理解していることが求められますが、再生医療等提供医療機関の管理者、実施責任者、実施医師・歯科医師も最低限の知識として再生医療等提供基準については正しく理解しておく必要があると思われます。

2 再生医療等の内容の検討

　まずは再生医療等実施にあたって、どのような内容の再生医療等を実施するかの検討が必要となります。本書執筆時点において、日本国内で主に実施されている再生医療等技術については**第2章4**で説明しており、これらの中から、診療科目、実施医師の専門分野、再生医療等を導入する目的、対象とする患者層、導入のための予算などを踏まえてどのような再生医療等を実施するのかを検討し、決定することになります。

　実施する再生医療等の内容の検討にあたっての重要なポイントは、以下のとおりです。

（1）診療科目、実施医師の専門分野

（2）再生医療等を導入する目的、対象とする患者層

（3）導入のための予算

（4）再生医療等に該当しない治療法との比較検討

（1）診療科目、実施医師の専門分野

　第3章1（1）で説明したとおり、再生医療等提供基準により実施責任者や再生医療等を行う医師または歯科医師に関する基準が定められており、実施責任者の場合は「対象となる疾患及び当該疾患に関連する分野について、十分な科学的知見」、再生医療等を行う医師または歯科医師の場合は「当該再生医療等を行うために必要な専門的知識」が要求されています。実際にどの程度の経験や知識が必要となるかについては明確にされておらず、再生

医療等提供計画の審査を行う認定再生医療等委員会の判断に委ねられていますが、例えば変形性関節症に関する治療を整形外科の経験が全くない内科医が行うということは認められない可能性が高いと考えられます。そのため、自院が標榜している診療科目や実施医師の専門分野を考慮して再生医療等の内容を決定することが求められます。

（2）再生医療等を導入する目的、対象とする患者層

どのような目的で再生医療等を導入するのか、どのような患者層を対象とするのかも再生医療等の内容を検討するうえで重要となります。例えば、整形外科では変形性関節症の患者に対して、人工関節置換術の代替治療法や別の選択肢として多血小板血漿を用いた治療の導入が検討されることが多くなっています。その他に、本書執筆時点で急速に増えているのが、訪日外国人の呼び込みを目的として再生医療等の導入を検討する医療機関です。第2章 **5** で述べたように、日本以外の諸外国では法律的に再生医療等を実施できない国が多く、そのような国から日本に再生医療等を受けに来る外国人富裕層が増加し続けています。このような外国人富裕層を対象として、諸外国では実施できない脂肪由来幹細胞を用いた治療などを導入する医療機関が増えており、再生医療等を導入しようとする主要な目的の1つとなっています。

（3）導入のための予算

再生医療等を導入するために必要となる初期費用としては主に、代行業者に支払う報酬、認定再生医療等委員会に支払う審査手数料、必要な器具などの購入費用があります。どの代行業者や認定再生医療等委員会を選択するかなどにもよりますが、代行業

者に手続きを依頼し、必要な器具などを保有していない場合の主要な再生医療等技術における導入費用の目安は、以下のとおりとなります。

・脂肪由来幹細胞を用いた治療（第二種）：約 120 万円

・多血小板血漿療法（第三種）：約 80 万円

・多血小板血漿療法（第二種）：約 110 万円

・がん免疫療法（第三種）：約 90 万円

・線維芽細胞移植（第二種）：約 120 万円

このような導入費用との兼ね合い（導入のためにどの程度の予算を確保できるのか）も踏まえて、再生医療等の内容を検討する必要があります。

（4）再生医療等に該当しない治療法との比較検討

再生医療等を導入するためには、再生医療等提供計画の提出などの行政手続が必要で、それに伴い（3）で説明したような費用も必要となるため、再生医療等に該当しない類似の治療法の導入も選択肢としてはあり得ると考えられます。再生医療等に該当しない類似の治療法として、主に以下の 2 つの治療法があります。

① 多血小板血漿の代わりに血小板を取り除いてフリーズドライしたものを用いる治療法

多血小板血漿は主に院内で遠心分離機を用いて血液から血小板を濃縮して製造しますが、多血小板血漿から血小板を取り除いて成長因子だけを残し、フリーズドライした製剤を治療に用いる治療法も存在します。血小板を取り除きフリーズドライする操作には特殊な技術が用いられているため、院内での製造ではなく専門の業者に委託して製造されることが一般的となっています。血小板を取り除いているため特定細胞加工物とはみな

されず、また特定細胞加工物を用いないため再生医療等には該当しない治療法となります。再生医療等に該当しないため再生医療等提供計画の提出が不要という実施医療機関にとってのメリットはありますが、専門の業者に送って製造してもらう必要があるため、本来であれば血液の採取から投与まで1日で完了できるという多血小板血漿の長所が損なわれるというデメリットもあります。

② 幹細胞培養上清やエクソソームを用いる治療

　脂肪由来幹細胞を用いた治療と類似した再生医療等に該当しない治療法として、**第1章❸**（1）や**第2章❷**（5）でも触れた幹細胞培養上清やエクソソームを用いる治療があります。脂肪由来幹細胞を用いた治療の代替となる治療法として導入する医療機関も増加していますが、前述のとおり日本再生医療学会は再生医療等安全性確保法の対象とすることを提言しており、厚生労働省も注意喚起や取り締まりの徹底を求める事務連絡を出しているなど、問題視されている治療法でもあります。本書執筆時点ではこの治療法を実施している医療機関が何らかの法令違反に問われることはありませんが、治療目的で幹細胞培養上清やエクソソームを製造販売することは薬機法に抵触し取り締まりの対象となることが示されたため、今後は供給が途絶える可能性があります。

3 代行業者への依頼の検討

　再生医療等提供計画の作成などの行政手続の準備を進めていくにあたって、代行業者への依頼も検討することになります。

　再生医療等提供計画の作成などの行政手続は医療機関が自ら行うことも不可能ではありませんが、必要な資料の量が膨大であり、その多くがひな型や記載例も公開されていないため、経験のない方が自ら行うには非常に難易度が高いです。代行業者に依頼する場合は、安価な場合でも第三種の場合で15〜30万円程度、第二種の場合で30〜50万円程度の代行報酬が必要となりますので、できれば自ら手続きを行って費用を削減したいと考えるかもしれませんが、必要な労力や時間を考えると代行業者への依頼も有力な選択肢となります。

　なお、再生医療等提供計画や特定細胞加工物製造届（院内で多血小板血漿などを製造する場合）及び添付資料の作成は、行政書士（または弁護士）の独占業務であり、行政書士（または弁護士）ではない者が報酬を得て業としてそれらの書類作成を行うことは行政書士法によって禁止されています（行政書士法1の2、19）。

● 行政書士法

（業務）
第1条の2　行政書士は、他人の依頼を受け報酬を得て、官公署に提出する書類（その作成に代えて電磁的記録（電子的方式、磁気的方式その他人の知覚によっては認識することができない方式で作られる記録であつて、電子計算機による情報処理の用に供されるものをいう。以下同じ。）を作成する場合における当該電磁的記録を含む。以下この条及び次条において同じ。）その他権利義務又は事実証明に関する書類（実地調査に基づく図面類を含む。）を作成することを業とする。

（業務の制限）
第19条　行政書士又は行政書士法人でない者は、業として第1条の2に規定する業務を行うことができない。ただし、他の法律に別段の定めがある場合及び定型的かつ容易に行えるものとして総務省令で定める手続について、当該手続に関し相当の経験又は能

力を有する者として総務省令で定める者が電磁的記録を作成する
場合は、この限りでない。

　再生医療等に関する行政手続が行政書士の独占業務であるとい
う認識があまり広まっていないのか、行政書士ではない業者が手
続きを代行しているケースが多々見られますが、そのような業者
は行政書士法に違反している可能性が高いため、代行を依頼する
のであれば行政書士に依頼することを推奨します。
　また、代行業者の選定にあたっては、しっかりとした実績のあ
る代行業者であれば本章のこの後の項目についてもサポート、ア
ドバイスが可能なはずですので、そのような代行業者を選定すべ
きでしょう。

4 再生医療等の区分の確認

　再生医療等を実施するにあたっては、「再生医療等の区分」の
確認も必要となります。

●再生医療等安全性確保法

（再生医療等提供計画の提出）〈一部抜粋〉

第４条　再生医療等を提供しようとする病院又は診療所（医療法第
　５条第１項に規定する医師又は歯科医師の住所を含む。第３号
　を除き、以下同じ。）の管理者（同項に規定する医師又は歯科医
　師を含む。以下この章及び次章において同じ。）は、厚生労働省
　令で定めるところにより、あらかじめ、第一種再生医療等、第二
　種再生医療等及び第三種再生医療等のそれぞれにつき<u>厚生労働省
　令で定める再生医療等の区分ごとに</u>、次に掲げる事項（第２号に
　掲げる再生医療等が第三種再生医療等である場合にあっては、第
　３号に掲げる事項を除く。）を記載した再生医療等の提供に関す

る計画（以下「再生医療等提供計画」という。）を厚生労働大臣に提出しなければならない。

（下線は筆者）

●省令

（再生医療等提供計画の提出）〈一部抜粋〉

第27条　法第4条第1項の厚生労働省令で定める再生医療等の区分は、再生医療等技術の区分とする。

（下線は筆者）

> 課長通知　Ⅴ（5）省令27条4項関係
> 「再生医療等の区分」は、細胞加工物の加工の工程及び投与方法が同じか否かによって判断されるものであること。

（下線は筆者）

　上に示した再生医療等安全性確保法、省令、課長通知に記載されているように、再生医療等提供計画は再生医療等の区分ごとに提出する必要があり（＝再生医療等の区分が異なれば別々の再生医療等提供計画を提出する必要がある）、再生医療等の区分は、「細胞加工物の加工の工程及び投与方法が同じか否かによって判断」されます。

　この規定を踏まえて、実施しようとしている再生医療等の内容が1つの区分にすべて含まれており、1つの再生医療等提供計画として提出が可能なのか、複数の区分に分かれており複数の再生医療等提供計画を提出しなければならないのかを確認する必要があります。

　ここで注意が必要なのが、「投与方法」というのは局所注射や静脈点滴といった手技だけで判断されるのではなく、同じ手技であっても投与する部位の構造が異なる場合は投与方法が異なると判断されるということです。例として、多血小板血漿を顔の皮膚に注射する場合と頭皮に注射する場合とでは、注射するという手

技は同じですが、顔の皮膚と頭皮の構造が異なるため投与方法が異なると判断され、別々の再生医療等提供計画を提出する必要があります。

また、投与部位も投与方法も同じであっても、対象疾患が異なる場合は再生医療等の区分が異なると判断されており、別々に再生医療等提供計画の提出が必要となります。例えば、脂肪由来幹細胞を静脈点滴する場合でも、「慢性疼痛」、「動脈硬化」などの対象疾患が異なる場合は、別々に再生医療等提供計画を提出することが求められます。

再生医療等の区分の判断について、法令や通知、事務連絡にて示されていないことについては、最終的には地方厚生局の担当者の判断に委ねられていますので、勝手に判断せず管轄の地方厚生局に確認をとることが大事となります。

5 再生医療等のリスク分類の確認

第2章❹で列挙したような前例があり、リスク分類が明確になっている再生医療等技術の場合は、都度確認する必要はありませんが、前例のない再生医療等技術を実施しようとする場合は、リスク分類についても確認が必要となります。

特に注意が必要なのは、多血小板血漿を用いる場合で、第2章❸で解説しているとおり多血小板血漿の場合は相同利用か否かの判断が必要となります。前述のとおり投与する部位が血流が豊富な組織であるか否かによって判断されますが、最終的な判断は地方厚生局の担当者に委ねられていますので、これについても勝手に判断せずに管轄の地方厚生局に確認をとる必要があります。

6 治療法ごとの検討事項

　続いて、主要な再生医療等について、その個別に検討が必要な事項について解説します。

（1）多血小板血漿療法

　多血小板血漿療法を導入する場合、多血小板血漿の作製方法について検討する必要があります。多血小板血漿は特別な機械器具などを使用しなくても通常の遠沈管や遠心分離機を用いて作製することも可能ですが、より簡便な作業で作製できるようにしたり、より高濃度のものを作製できるようにしたりするための専用の作製キットも販売されています。そのため、そのような専用の作製キットを使用するのか、使用するのであればどの作製キットを使用するのかを検討することが求められます。

　まずは、作製キットを用いない場合、用いる場合を比較すると**図表4－1**のようになります。

図表4－1　多血小板血漿の作製方法の比較

	作製キットを用いない場合	作製キットを用いる場合
長所	・専用の機械器具などが不要 ・ランニングコストが安い	・作業が簡便化できる ・濃縮率、純度が均一化できる
短所	・作業に手間がかかる ・濃縮率、純度が安定しづらい	・専用の機械器具が必要な場合がある ・ランニングコストが高くなる場合がある

　本書執筆時点では、作製作業の簡便性や、作製した多血小板血

漿の濃度、純度が重視される傾向にあり、作製キットを使用する方法が一般的になっています。作製キットを使用する場合、いくつかの医療機器メーカーなどから特徴の異なる様々な作製キットが販売されているため、その中からどれを使用するかを決めることになります。

　作製キットの選定にあたっては、以下のようなポイントがあります。

①　価格（初期費用、ランニングコスト）

　作製キットを使用するための初期費用として、専用の遠心分離機が必要となる場合があり、専用の遠心分離機は 50 万円程度のものから 100 万円を超えるものまで価格帯にも幅があります。作製キットの中には専用の遠心分離機が不要で汎用的な遠心分離機を使用できるものもあり、その場合は遠心分離機を保有していれば新しく購入する必要はなく、初期費用をかけずに導入できる場合もあります（手続きにかかる費用は除く）。

　ランニングコストとしては、作製キットは単回使用のチューブやシリンジなどで構成されており、治療を行うたびに新しいキットを購入する必要があるため、その購入費用が必要となります。毎回購入が必要なキットの価格にも幅があり、安価なものでは 1 万円前後、中間のもので 10 万円前後、高価なものでは 20 万円前後となります。

　価格が高いものほど扱いが容易で作製できる多血小板血漿も高品質になる傾向にありますが、各キットの治療成績を厳格に比較したような研究結果が乏しく、価格が高いほうが優秀な治療成績が得られるかということについてははっきりとは証明されていません。

② 閉鎖式か開放式か（クリーンベンチの要否）

多血小板血漿の作製には無菌操作が必要となり、閉鎖式（製造工程が閉鎖されていて外気に触れない操作方式）の作製キットを使用する場合は問題ありませんが、開放式（製造工程が閉鎖されておらず外気に触れることがある操作方式）の場合は、無菌性を確保するための設備（クリーンベンチ）が必要となります。

クリーンベンチは安価なものであれば6～7万円程度で購入できますので、そこまで大きく費用負担が変わるわけではないものの、設置場所の確保が必要となるので、クリーンベンチの要否についても作製キットを選定するうえでのポイントとなります。

なお、本書執筆時点においては閉鎖式操作に該当してクリーンベンチが不要であるかについては各地方厚生局の担当者の判断に委ねられており、全国一律の基準は存在していません。そのため、必要に応じてクリーンベンチの要否について管轄の地方厚生局に確認することが求められます。

③ 血小板の濃縮率

多血小板血漿は血液中の血小板を濃縮して作製され、作製キットによって濃縮率に差があります。多くの作製キットで標準的な濃縮率がデータとして示されていますので、濃縮率も選定するうえでのポイントとなります。しかしながら、濃縮率が高いほうが効果が高まると考えられるものの、濃縮率と治療効果の関係については本書執筆時点では科学的根拠が不足しており、どの程度の濃縮率があれば十分な治療効果が得られるかという明確な基準は存在しません。

第４章　再生医療等の実施に向けた事前準備、検討事項など

④ 純度（血小板以外の成分の混入の有無）

多血小板血漿は血液中の血小板を濃縮して作製されますが、血小板以外の白血球や赤血球が完全に取り除かれずに残ってしまうキットがあります。また、あえてそれらの成分を残して多血小板血漿を作製する設計のキットもあります。多血小板血漿中に白血球や赤血球が含まれることによる効果、影響については様々な主張がありますが、本書執筆時点では科学的根拠が十分ではなく明確な結論は出ていません。

⑤ その他の特徴

作製キットの中には、多血小板血漿をさらに濃縮して成長因子の濃縮度を高めるものや、濃縮率や純度を調整できるものもあります。そのようなキットは通常のキットよりも高価な傾向にありますが、それらのキットを用いることでより高い治療効果が得られたり、症状に合わせた調整ができたりする可能性があります。

上記ポイントの中でも、①の価格は治療を提供する際の患者負担額にも影響するため、作製キットの選定において重視されることが多く、複数の価格帯のものを使い分けて患者の希望を踏まえて使用するキットを決めるという医療機関が増えています。

（2）脂肪由来幹細胞を用いた治療

脂肪由来幹細胞を用いた治療を行う場合、院内に細胞培養加工施設（cell processing center：CPC）を設置して培養を行うという方法もあるものの、建設費用やランニングコストも非常に高いため、外部の CPC に培養を委託するのが一般的です。

　培養を委託する CPC の選定については、以下のようなポイントがあります。

① 培養委託費用、その他必要な費用

　脂肪由来幹細胞の培養委託費用は、CPC によって大きく異なります。本書執筆時点で著者が把握している範囲では、細胞 1 億個の場合は最も安いところで約 30 万円で、約 50 万円ぐらいが相場となっています。後述する培養に用いる原料が培養委託費用の設定に影響することが多いため、一概に安ければ安いほど良いとは言えないことに注意が必要です。また、脂肪組織を CPC に輸送する場合、培養後の脂肪由来幹細胞を医療機関に輸送する場合の輸送費用が培養委託費用に含まれているのか、別途必要なのかも確認しておく必要があります。

　また、CPC によっては技術指導料などの名目で培養委託費用とは別に契約時に費用を請求される場合もあります。

② CPC の所在地、対応地域

　培養した脂肪由来幹細胞の投与可能期間は冷蔵の場合でも最短 24 時間以内、冷凍の場合では数か月以上の長期間に設定されていることが多く、日本国内であればどこの CPC に培養委託しても問題ない場合が多いと思われます。CPC 側も対応可能地域を日本全国に設定している場合が多いですが、念のため確認しておくことが望ましいでしょう。

　なお、海外の CPC であっても日本の再生医療等安全性確保法に基づき特定細胞加工物製造認定を取得すれば、日本国内の医療機関から培養を受託することが可能ですので、海外の CPC を培養委託する候補に加えて検討することも可能であり、その場合は外国人患者の紹介などが期待できる可能性もあります。

③ 保管方法（冷蔵、冷凍）

　培養後の脂肪由来幹細胞の保管方法には、冷蔵（2 ～ 8℃ぐらい）と冷凍（－ 70 ～ － 80℃ぐらい）の 2 通りがあります。

　冷蔵保管の場合、凍結と解凍を伴わないため細胞の生存率が高く保ちやすいという利点がありますが、投与可能期間が短く、治療日の調整が難しいという欠点もあります。

　冷凍保管の場合、長期間の保管が可能なため、患者都合での治療日の変更などにも柔軟に対応できるという利点がありますが、凍結と解凍の際に細胞が死滅し細胞の生存率が低下する可能性があること、凍結する際に DMSO（ジメチルスルホキシド）と呼ばれる毒性のある薬品を使用する必要があり有害事象が発生する可能性があること、医療機関側で保管設備や解凍設備が必要となることが欠点となります。特に DMSO の使用に関しては、2024 年に DMSO を使用して冷凍保管されていた脂肪由来幹細胞の投与を受けた患者で一時的な視力障害が発生するという健康被害が発生しており、これを受けてとある雑誌に DMSO の使用が危険であるという論調の記事が掲載されました。しかしながら、健康被害の原因究明を行った認定再生医療等委員会では DMSO を使用したこと自体ではなく、医療機関における投与直前の取扱いに問題があり、十分に混和されていない状態で高濃度の DMSO が一気に体内に入ったことが原因であると結論付けており、今回の健康被害の発生だけを根拠に DMSO を使用した冷凍保管を採用すべきでないとは結論付けられません。

④ 対応可能な細胞数

　脂肪由来幹細胞を用いた治療では、主な投与方法として局所注射と静脈点滴があり、投与方法などによって治療に用いられ

る細胞数が異なります。目安としては、局所注射は 5,000 万個程度、静脈点滴では 1 億個程度（それ以上の場合もあり）の細胞が使用されることが多く、治療に用いようとしている細胞数に対応可能であるかを確認しておくことが求められます。

⑤ 使用する原料

脂肪由来幹細胞の培養には様々な原料が用いられますが、品質に大きく影響するのは細胞に栄養を供給するために用いられる原料です。本書執筆時点では、主に以下の 3 種類の原料が用いられています。

●ウシ胎児血清（FBS）

最も古くから用いられている手法だが、動物由来原料を用いるため安全性の懸念がある。

●自己血清

患者自身の血液由来のため安全性は問題ないが、多量の採血が必要となる。

●無血清サプリメント

人工的に製造された無生物原料で、安全で品質も安定しているが高価。

このうちのどの原料を用いるかで培養委託費用が変わる傾向にあり、ウシ胎児血清→自己血清→無血清サプリメントの順番で培養委託費用が高くなる傾向があり、品質についても同じ順番で高くなる傾向があります。

⑥ 細胞生存率の規格

脂肪由来幹細胞を再生医療等に用いるにあたって、培養が完了した細胞の生存率を測定し、規格以上の生存率が確認できた場合にのみ治療に用いるという方法がとられますが、細胞生存率の規格は（本来は医療機関側が設定すべきであるが）CPC

第4章 再生医療等の実施に向けた事前準備、検討事項など

側が設定していることが一般的で、細胞生存率の規格について確認しておくことが望ましいです。細胞生存率の規格は 80% 以上か 90% 以上に設定されていることが多いですが、細胞生存率が低いと静脈点滴した際に死細胞が肺の毛細血管で詰まって肺塞栓症を起こす危険性が高まるといわれており、90% 以上でないと審査を通さないという認定再生医療等委員会もあります。

7 審査を依頼する認定再生医療等委員会の選定

　再生医療等提供計画を厚生労働大臣または地方厚生局長に提出するにあたっては、あらかじめ認定再生医療等委員会（以下、「委員会」という）の意見を聴かなければならないこととされています。

●再生医療等安全性確保法

（再生医療等提供計画の提出）〈一部抜粋〉

第4条

2　再生医療等を提供しようとする病院又は診療所の管理者は、前項の規定により再生医療等提供計画を提出しようとするときは、当該再生医療等提供計画が再生医療等提供基準に適合しているかどうかについて、あらかじめ、当該再生医療等提供計画に記載される認定再生医療等委員会の意見を聴かなければならない。

（下線は著者）

　この際に、どの委員会の意見を聴くかは再生医療等提供計画の提出者（＝再生医療等を提供しようとする医療機関の管理者）が決めることができ、その委員会の名称を再生医療等提供計画に記載することになります。そのため、意見を聴く（＝審査を依頼する）委員会の選定を行う必要がありますが、委員会によって審査

手数料や審査スケジュール、審査の基準などが異なるため、それらを考慮して委員会を選定することが求められます。

委員会の選定については、以下のようなポイントがあります。

①　審査手数料、その他の費用

委員会は、再生医療等提供計画の審査を行うにあたって、事務手数料や委員への謝礼などの審査に必要な費用を審査手数料として徴収することができます。この審査手数料の金額については法令上の基準はなく、委員会の設置者が算定の基準を示して認定申請書に記載することとなっています。そのため、審査手数料は委員会によって異なります。

当然ながら審査手数料が安いほど再生医療等提供計画の提出に必要なコストも安くなりますので、審査手数料は安いに越したことはありませんが、とにかく審査手数料が安い委員会を選べばよいということではなく、この後に説明するポイントも踏まえて選定することが大事となります。

また、審査手数料は新規審査、変更審査、定期報告審査など、審査の内容ごとに定められていますので、それぞれの審査手数料を確認しておく必要があります。特に、定期報告は1年に1回必要となりますので、定期報告の審査手数料が安ければ長期的なコストを減らすことができ、重要なポイントとなると思われます。

②　審査スケジュール

審査のスケジュールも委員会によって異なります。審査のスケジュールについては、以下について確認、検討することが求められます。

　ア　開催頻度

　　月1回程度の開催頻度の委員会が多いですが、月2回

以上開催している委員会や、審査する案件がある場合にだけ開催する委員会などもあります。

イ　開催日程

毎月決まった曜日に開催している委員会もあれば、開催時に次回開催日程を決める委員会もあります。

ウ　申込期限、資料提出期限、支払期限

審査を受けるために開催日のどれくらい前までに審査申込、資料提出、審査手数料の支払いを行わなければならないかも委員会によって異なります。

エ　審査後の意見書発行までの期間

委員会による審査が行われた後に委員会の意見が記載された意見書が発行され、それを添付して厚生労働省または地方厚生局に再生医療等提供計画を提出することになりますが、審査後に意見書が発行されるまでの期間も委員会によって異なります。

できるだけ早く審査を受けて再生医療等提供計画を提出したい場合がほとんどですので、開催頻度が多く、申込期限、資料提出期限、支払期限が遅く、審査後の意見書発行までの期間が短いほうがよいと考えられますが、これについてもそれだけではなくこの後に説明するポイントも踏まえて選定することが重要となります。

③　審査方法

委員会による審査において、実施医師などの参加を求める委員会とそうでない委員会があります。また、参加を求める場合でも現地参加が必要な場合と、Zoom などのウェブ会議ツールでの参加が可能な場合があります。

実施医師などの参加が必要ないほうが時間的、労力的な負担は少なくなりますが、新規性や特殊性の高い治療法を実施しよ

うとしている場合は、審査に参加して質疑応答への対応や意見陳述を行えるほうが審査を通過しやすい可能性もあります。

④　審査の基準

　再生医療等安全性確保法において、委員会による審査は再生医療等提供基準に照らして行われることとされていますが、再生医療等提供基準には定められていない詳細な部分については、委員会独自の基準によって審査が行われていることがあります。

●再生医療等安全性確保法

（再生医療等委員会の認定）〈一部抜粋〉
第26条
　一　第4条第2項（第5条第2項において準用する場合を含む。）の規定により再生医療等を提供しようとする病院若しくは診療所又は再生医療等提供機関の管理者から再生医療等提供計画について意見を求められた場合において、<u>当該再生医療等提供計画について再生医療等提供基準に照らして審査を行い、</u>当該管理者に対し、再生医療等の提供の適否及び提供に当たって留意すべき事項について意見を述べること。

（下線は筆者）

　この傾向は培養細胞（主に脂肪由来幹細胞）を用いる場合に顕著であり、注意が必要なポイントとなります。

　委員会独自の基準の例として、以下のような基準を設けている場合があります。

　ア　細胞生存率の規格
　　培養した幹細胞を静脈点滴により投与する場合に肺塞栓症を引き起こす可能性があることが報告されており、細胞生存率が低くなるほどそのリスクが高まると考えられています。

そのため、細胞生存率の規格が 90％以上でなければ審査に通さないといった基準を設けている委員会もあります。

イ　細胞の保管方法

　6（2）③で説明したように、培養後の細胞の保管方法には冷蔵（2 ～ 8℃ぐらい）と冷凍（− 70 ～ − 80℃ぐらい）の 2 通りがありますが、冷凍の場合は解凍時に細胞生存率が低下するおそれがあることや、有毒性のある DMSO を使用することから冷蔵の場合よりも安全性が確保しづらいという考え方があり、冷凍保管の場合は審査に通さない委員会もあります。

ウ　細胞数

　培養した幹細胞を静脈点滴により投与する場合の細胞数は 1 ～ 3 億個程度が一般的になっていますが、細胞数が多くなるほど肺塞栓症を引き起こすリスクが高まるという研究結果も発表されており、1 億個以内の投与しか認めないという委員会もあります。

エ　細胞の採取場所

　執筆時点では、法令上は再生医療等に用いる特定細胞加工物の原料となる細胞の採取場所については国内の医療機関に限定されていませんが、委員会によっては国内の医療機関での採取を求め、海外での採取は認めていない委員会もあります。

　どれだけ審査手数料が安く、審査完了までのスケジュールが短いとしても、審査を通過することができなければ意味がないため、実施しようとしている治療法が審査を通過できるか否かが委員会を選定するうえで最も重要なポイントとなると思われます。

　そのため、実施しようとしている治療法が基準を満たしているか否かについて事前に確認しておくことが重要となります。

第5章

再生医療等提供計画の提出

第5章では、医療機関において再生医療等を実施するための手続きの中でもメインとなる再生医療等提供計画の提出について解説します。

なお、再生医療等提供計画には様式第1（研究目的）と様式第1の2（治療目的）があり、記載方法などにも多くの違いがありますが、本書では様式第1の2（治療目的）についてのみ解説します。

1 概　要

　第2章でも述べたとおり、再生医療等安全性確保法によって以下のように規定されており、再生医療等を提供しようとする医療機関の管理者は「再生医療等提供計画」を作成し、厚生労働省または地方厚生局（第一種は厚生労働省、第二種、第三種は地方厚生局。以降、「地方厚生局」）に提出する必要があります。

●再生医療等安全性確保法

（再生医療等提供計画の提出）

第4条　再生医療等を提供しようとする病院又は診療所（医療法第5条第1項に規定する医師又は歯科医師の住所を含む。第3号を除き、以下同じ。）の管理者（同項に規定する医師又は歯科医師を含む。以下この章及び次章において同じ。）は、厚生労働省令で定めるところにより、あらかじめ、第一種再生医療等、第二種再生医療等及び第三種再生医療等のそれぞれにつき厚生労働省令で定める再生医療等の区分ごとに、次に掲げる事項（第2号に掲げる再生医療等が第三種再生医療等である場合にあっては、第3号に掲げる事項を除く。）を記載した再生医療等の提供に関する計画（以下「再生医療等提供計画」という。）を厚生労働大臣に提出しなければならない。

一　当該病院又は診療所の名称及び住所並びに当該管理者の氏名

二　提供しようとする再生医療等及びその内容

三　前号に掲げる再生医療等について当該病院又は診療所の有する人員及び構造設備その他の施設

四　第2号に掲げる再生医療等に用いる細胞の入手の方法並びに当該再生医療等に用いる特定細胞加工物の製造及び品質管理の方法（特定細胞加工物の製造を委託する場合にあっては、委託先の名称及び委託の内容）

　　五　前二号に掲げるもののほか、第2号に掲げる再生医療等に用
　　　いる再生医療等技術の安全性の確保等に関する措置
　　六　第2号に掲げる再生医療等に用いる細胞を提供する者及び当
　　　該再生医療等（研究として行われる場合その他の厚生労働省令
　　　で定める場合に係るものに限る。）を受ける者に対する健康被
　　　害の補償の方法
　　七　第2号に掲げる再生医療等について第26条第1項各号に掲
　　　げる業務を行う認定再生医療等委員会（同条第5項第2号に
　　　規定する認定再生医療等委員会をいう。以下この章において同
　　　じ。）の名称及び委員の構成
　　八　その他厚生労働省令で定める事項
2　再生医療等を提供しようとする病院又は診療所の管理者は、前
　項の規定により再生医療等提供計画を提出しようとするときは、
　当該再生医療等提供計画が再生医療等提供基準に適合しているか
　どうかについて、あらかじめ、当該再生医療等提供計画に記載さ
　れる認定再生医療等委員会の意見を聴かなければならない。
3　第1項の再生医療等提供計画には、次に掲げる書類を添付しな
　ければならない。
　　一　再生医療等提供計画に記載された認定再生医療等委員会が述
　　　べた第26条第1項第1号の意見の内容を記載した書類
　　二　その他厚生労働省令で定める書類

　　また、再生医療等提供計画には、以下の書類を添付する必要が
あります（省令27⑧）。

・提供する再生医療等の詳細を記した書類（研究として再生医
　療等を行う場合は、研究計画書）
・実施責任者及び再生医療等を行う医師または歯科医師の氏
　名、所属、役職及び略歴（研究に関する実績がある場合には、
　当該実績を含む）を記載した書類
・再生医療等提供計画に記載された再生医療等と同種または類

似の再生医療等に関する国内外の実施状況を記載した書類
・特定細胞加工物を用いる場合にあっては、再生医療等提供計画に記載された再生医療等に用いる細胞に関連する研究を記載した書類
・特定細胞加工物を用いる場合にあっては、特定細胞加工物概要書、再生医療等安全性確保法第 96 条に規定する特定細胞加工物標準書、同第 97 条第 1 項に規定する衛生管理基準書、同条第 2 項に規定する製造管理基準書及び同条第 3 項に規定する品質管理基準書
・再生医療等製品を用いる場合にあっては、当該再生医療等製品の注意事項等情報（医薬品医療機器等法第 68 条の 2 第 2 項に規定する注意事項等情報をいう）
・特定細胞加工物の製造を委託する場合にあっては、委託契約書の写しその他これに準ずるもの

　再生医療等提供計画（様式第 1 の 2）の作成や再生医療等安全性確保法第 4 条第 1 項第 3 号、省令第 27 条に定められた書類（以下、「添付書類」という）の添付は、厚生労働省が公開している「e-再生医療（https://saiseiiryo.mhlw.go.jp）」というウェブページから行うこととなっています。

2 再生医療等提供計画及び添付書類の作成の流れ

　著者は再生医療等提供計画及び添付書類の作成は、以下の流れで行っています。この流れが最も無駄を省いて作成できると考えています。

> （1）文献調査、収集
> （2）添付書類の作成
> （3）再生医療等提供計画の作成

（1）文献調査、収集

　上述の省令第 27 条により「再生医療等提供計画に記載された再生医療等と同種又は類似の再生医療等に関する国内外の実施状況を記載した書類」、「特定細胞加工物を用いる場合にあっては、再生医療等提供計画に記載された再生医療等に用いる細胞に関連する研究を記載した書類」の添付が必要とされており、主に研究論文とその概要、提供しようとする再生医療等との関連性について記載した書類が必要となります。

　提供しようとする再生医療等に関連する研究論文は添付書類として必要となるだけでなく、提供しようとする再生医療等の安全性や科学的妥当性について検討するためにも必要となるため、文献調査、収集を最初に行うことを推奨します。

　なお、何本の研究論文があれば再生医療等提供計画を作成、提出できるかという明確な基準はありませんが、著者の経験上、提供しようとする再生医療等と同種または類似の再生医療等（臨床研究）に関する論文、臨床研究以外の動物実験などに関する論文をそれぞれ 2 ～ 3 本以上は収集することが望ましいでしょう。

① 文献調査、収集の方法（データベースを用いる場合）

　再生医療等に関する研究論文は日本語で執筆、投稿されているものもありますが、大半は英語で執筆、投稿されています。そのため、文献調査、収集を行う際にも、海外のデータベース

（英語）を用いる方法が主流となります。著者は主に、アメリカ国立衛生研究所（National Institutes of Health：NIH）が公開する「PubMed（https://pubmed.ncbi.nlm.nih.gov）」というデータベースを使用して文献調査、収集を行っています。

　ここでは、例として「脂肪由来幹細胞を用いた変形性関節症の治療」に関する臨床研究の研究論文を PubMed を用いて調査、収集する手順を説明します。

ア　PubMed へのアクセス

　検索エンジンで上述した URL を入力するか、「PubMed」で検索して PubMed にアクセスします。

図表 5 － 1　PubMed のトップページ

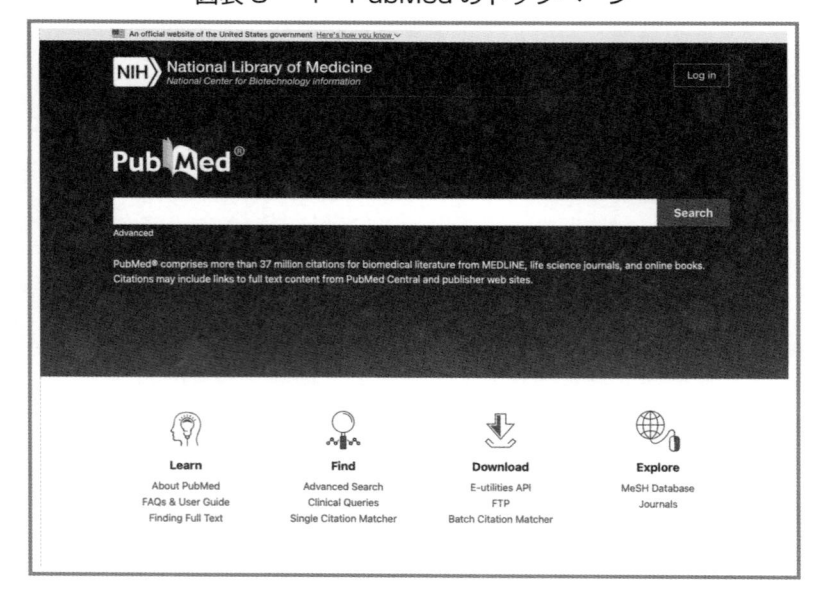

イ　検索

　PubMed の検索窓に「adipose-derived stem cells（脂肪由来幹細胞）osteoarthritis（変形性関節症）」と入力して検索します。

　なお、検索は英語で行う必要がありますので、英語表記がわからない場合はあらかじめ調べておく必要があります。

図表５－２　PubMed での検索

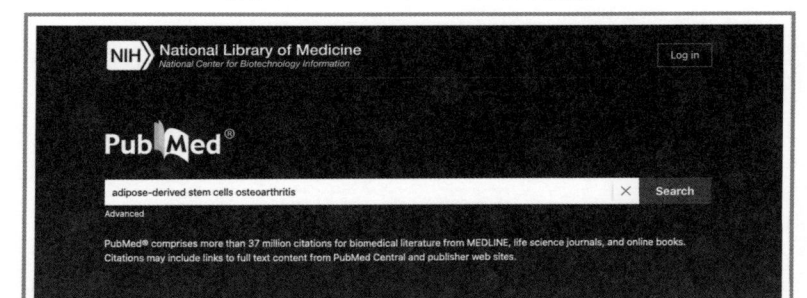

　検索の結果、**図表５－３**のような画面が表示されます。

　この状態では一切フィルターがかかっておらず、研究論文の全文が公開されていないものや、全文の閲覧が有料となるもの、ヒトを対象とした臨床研究ではない研究論文なども含まれていますので、フィルターを使った検索を行います。

　画面左側にフィルターを選択する欄があり、今回の場合は「Free full text」、「Clinical Trial」のフィルターを選択します。

図表５－３ 検索結果（初期状態）

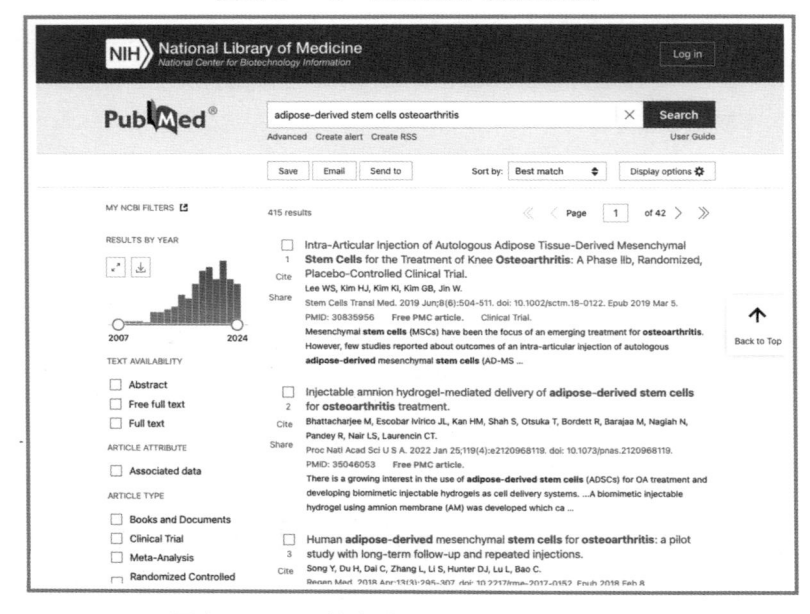

図表５－４ 検索結果（フィルター適用後）

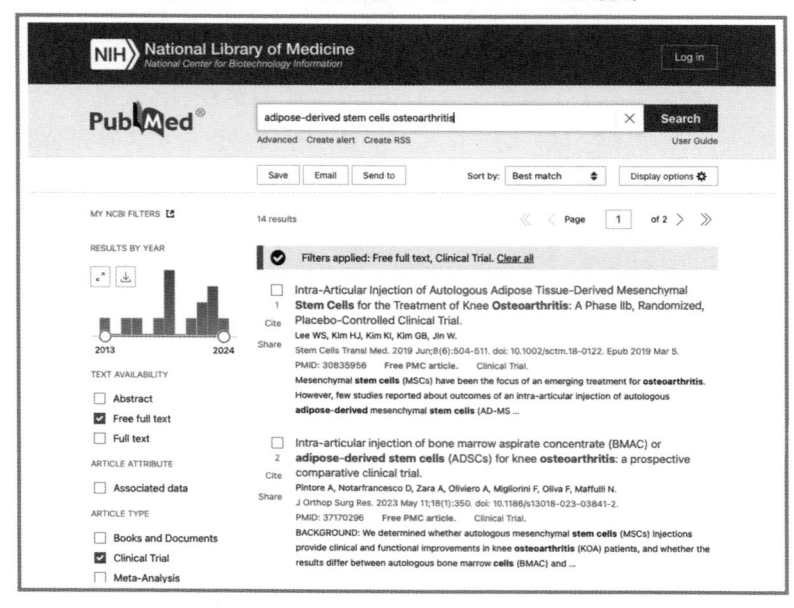

フィルターをかけた結果、14本にまで絞り込むことができました。続いて、記事名をクリックすると、検索された研究論文の概要などが表示されたページが開かれます。

図表5－5　研究論文の概要ページ

この段階で研究論文の Abstract（概要）は閲覧できますが、研究論文の全文を入手することが望ましいため、右上辺りの「FULL TEXT LINKS」のところのバナーをクリックします。ここから先は研究論文が掲載されている雑誌によって異なりますが、多くの場合、PDF で研究論文全文がダウンロードできるようになっています。

② **文献調査、収集の方法（AI 論文検索ツールを用いる場合）**

近年、AI を活用した論文検索ツールが公開されており、①のデータベースを用いて自分で検索するよりも精度は劣る可能

性がありますが、より簡単に検索を行うことが可能です。AI
論文検索ツールは数多く公開されていますが、ここでは
「Consensus（https://consensus.app/search/）」を用いて「脂
肪由来幹細胞を用いた変形性関節症の治療」に関する臨床研究
の研究論文を調査、収集する方法を紹介します。

ア　Consensus へのアクセス

　　検索エンジンで上述した URL を入力するか、「Consensus」
　で検索して Consensus にアクセスします。

イ　アカウント登録

　　Consensus には無料プランがあるものの、アカウント登
　録は必要となります。Facebook か Google のアカウント
　を使用するか、名前、メールアドレス、パスワードを入力し
　てアカウント登録することができます。

ウ　検索

　　英語で検索したほうが精度は高いですが、日本語での検索
　も可能です。
　　検索は質問形式で行うことが推奨されていますので、ここ
　では「脂肪由来幹細胞を用いた治療は変形性関節症の治療に
　有効か？」と検索します。
　　なお、検索機能だけでなく要約機能も搭載されており、無
　料プランの場合は回数制限が設けられています。
　　検索結果が出ただけでは一切フィルターがかかっておら
　ず、研究論文の全文が公開されていないものや、全文の閲覧
　が有料となるもの、ヒトを対象とした臨床研究ではない研究
　論文なども含まれている場合がありますので、フィルターを
　使った検索を行います。検索窓下の右上辺りにある「Filter」

というボタンをクリックし、「Open access」と「Methods」の「RCT」、「Non-RCT Trial」、「Human studies」にチェックを入れ、「Apply」をクリックします。

　続いて、記事名をクリックすると検索された研究論文の概要などが表示されたページが開かれます。

　この段階で研究論文の Abstract（概要）は閲覧できますが、研究論文の全文を入手することが望ましいため、ページ内の「PDF」をクリックし、研究論文全文の PDF のページにアクセスして PDF をダウンロードします。

　Consensus を用いた検索では日本語で検索することができ、要約も日本語で表示されるという利点がありますが、精度はあまり高くなく、求めているものとは違う内容の研究論文が表示されることもあるため、注意が必要となります。

　今回の検索では、脂肪由来幹細胞ではなく臍帯由来幹細胞の研究結果も表示されています。

③　文献の要約

　研究論文を入手できたら、次はその論文を要約して概要を作成する必要があります。多くの場合は研究論文の最初のページに記載されている Abstract を和訳すれば事足ります。また、Chat GPT などの生成 AI を用いて研究論文を要約してもらうことも有効です。

　著者も以前は Abstract を和訳していましたが、最近では Chat GPT を用いて概要を作成することが多くなっています。

（2）添付書類の作成

文献調査、収集が完了したら添付書類の作成を行います。
添付書類として必要な書類は、以下のとおりです。

① 認定再生医療等委員会意見書など
② 提供する再生医療等の詳細を記した書類
③ 実施責任者及び再生医療等を行う医師または歯科医師の氏名、所属、役職及び略歴（研究に関する実績がある場合は、当該実績を含む）を記載した書類
④ 細胞提供者に対する説明文書及び同意文書の様式
⑤ 再生医療等を受ける者に対する説明文書及び同意文書の様式
⑥ 再生医療等提供計画に記載された再生医療等と同種または類似の再生医療等に関する国内外の実施状況を記載した書類
⑦ 再生医療等に用いる細胞に関連する研究を記載した書類
⑧ 特定細胞加工物概要書
⑨ 特定細胞加工物標準書
⑩ 衛生管理基準書
⑪ 製造管理基準書
⑫ 品質管理基準書
⑬ 委託契約書の写しその他これに準ずるもの
⑭ 再生医療等提供計画の情報の公表に関する同意書
⑮ 再生医療等の内容をできる限り平易な表現を用いて記載したもの

　なお、以降、本章において、厚生労働省医政局研究開発振興課による事務連絡である「再生医療等提供計画等の記載要領について（令和5年2月20日改正）」（以下、「記載要領」という）

の 別紙 1-2 を参考に解説していきます。

① 認定再生医療等委員会意見書など

記載要領には、以下のように記載されています。

記載要領 「添付資料」について

(1) 認定再生医療等委員会意見書

　再生医療等提供計画に記載した認定再生医療等委員会が述べた意見書（別紙様式第 5）の写し、審査の過程が分かる記録の写し及び当該認定再生医療等委員会が記載した再生医療等提供基準チェックリストの写しを添付すること。

　これらの書類は委員会が作成するものですが、一部の委員会では再生医療等提供計画の提出者が再生医療等提供基準チェックリストを作成し、委員会が確認するという形式をとっている場合がありますので、再生医療等提供基準チェックリストの作成方法について説明します。

　e- 再生医療の「当サイトについて」をクリックすると、サイトの利用方法や操作マニュアル、申請・報告等様式が掲載されたページにアクセスすることができ、そこから別紙様式第 5 の再生医療提供基準チェックリストのひな型をダウンロードすることができます。

図表5−6 e-再生医療トップページから「当サイトについて」へのアクセス

(厚生労働省 -「e- 再生医療」サイト。以下、「e- 再生医療」)

図表5−7 再生医療等提供基準チェックリストのダウンロード

「再生医療等の安全性の確保等に関する法律」、「再生医療等の安全性の確保等に関する法律施行令」及び「再生医療等の安全性の確保等に関する法律施行規則」の取扱いについて（平成26年10月31日医政発1031第1号厚生労働省医政局研究開発振興課長通知）

⊕ 報告等様式一覧（厚生労働省サイト）

様式番号	様式名 / 様式ファイル	当サイトにおける作成・提出
別紙様式第1	疾病等報告書（委員会報告用） ⊕ Excel　⊕ PDF	⊕ 作成可
別紙様式第2	疾病等報告書（厚生労働大臣報告用） ⊕ Excel　⊕ PDF	⊕ 作成・提出可
別紙様式第3	再生医療等提供状況定期報告書（委員会報告用） ⊕ Excel　⊕ PDF	⊕ 作成可
別紙様式第4	再生医療等提供状況定期報告書（厚生労働大臣報告用） ⊕ Excel　⊕ PDF	⊕ 作成・提出可
別紙様式第5	認定再生医療等委員会意見書 ⊕ Excel　⊕ PDF	
	再生医療等提供基準チェックリスト ⊕ Word　⊕ PDF	

(e- 再生医療)

図表５－８ 再生医療等提供基準チェックリスト（トップページ）

別紙４

再生医療等提供基準チェックリスト

１．細胞培養加工施設以外の項目について

番号	確認事項	対応する条項等	確認欄
省令第５条（人員）			
1	第１種再生医療等又は第２種再生医療等の提供を行う医療機関は、実施責任者を置いているか。また実施責任者は医師又は歯科医師であって、実施する再生医療等の対象となる疾患及び当該疾患に関連する分野について、科学的知見並びに経験及び知識を有しているか。また、研究として再生医療等を行う場合には、研究に関する倫理について十分な教育及び訓練を受けているか。	第１項 第２項	□ □ 該当なし
省令第６条（構造設備その他の施設）			
2	第１種再生医療等又は第２種再生医療等の提供を行う医療機関は、救急医療を行うために必要な施設又は設備を有しているか。ただし、他の医療機関と連携することにより、必要な体制があらかじめ確保されている場合はこの限りでない。		□ □ 該当なし
省令第７条（細胞の入手）			
再生医療等を行う医師又は歯科医師は、再生医療等に用いる細胞が、次に掲げる要件（番号３～18）を満たしていることを確認しなければならない。 （省令７条各号の記載内容については、医政研発1031第１号（平成31年４月１日最終改正）課長通知の内容を満たしているか。）			
3	細胞提供者からの細胞の提供又は動物の細胞の採取が行われる医療機関等は以下の要件を満たしているか。 ・適切に細胞の提供を受け又は動物の細胞の採取をし、当該細胞の保管に当たり必要な管理を行っていること。 ・細胞の提供を受けること又は動物の細胞の採取をすること並びに当該細胞の保管に関する十分な知識及び技術を有する者を有していること。	第１号	□
4	細胞提供者の健康状態、年齢その他の事情を考慮した上で、当該細胞提供者の選定がなされているか。	第２号	□

（「記載要領」厚生労働省医政局研究開発振興課）

　図表５－８の「確認事項」を確認しながら「確認欄」にチェックを入れていきます。なお、基本的にはすべての項目に対してチェックを入れるか、該当なしにチェックを入れる必要があります。

図表5−9　再生医療等提供基準チェックリスト（最終ページ）

再生医療等の名称：
_____

認定再生医療等委員会の名称：
_____

※指摘事項、意見等があれば、以下に記載してください。

番号	指摘事項、意見等の記載欄

（「記載要領」厚生労働省医政局研究開発振興課）

　そして最後に、最終ページの「再生医療等の名称」、「認定再生医療等委員会の名称」を記入します。その下の指摘事項、意見等の記載欄は委員会が記載する箇所となっています。

②　提供する再生医療等の詳細を記した書類

　記載要領には、以下のように記載されています。

記載要領　「添付資料」について

> (2)　提供する再生医療等の詳細を記した書類
> 　再生医療等の提供方法等の詳細及び次に掲げる事項が記載されたものを添付すること。
> ①　細胞の入手の方法
> 　イ　細胞の提供を受けた後に再検査を行う場合はその方法
> 　ロ　細胞の提供を受ける際の微生物等による汚染を防ぐための措置
> 　ハ　採取した細胞について微生物等の存在に関する検査を行う場合はその内容
> 　ニ　厚生労働大臣が定める ES 細胞の樹立に関する指針に従ったものである場合は、その旨を証明する書類
> ②　環境への配慮の内容（環境に影響を及ぼすおそれのある再生医療等を行う場合）
> ③　細胞の安全性に関する疑義が生じた場合の安全性の確保等を図るための措置の内容
> ④　再生医療等を受ける者の健康状態等を把握するための把握の内容

　この書類にはひな型や記載例はなく、「再生医療等の提供方法等の詳細」については具体的に何を記載する必要があるのかが示されていませんが、主に以下の事項を記載することが望ましいと考えられます。

　なお、他の再生医療等提供計画（様式第 1 の 2）をはじめ、他の書類と重複する記載事項については、こちらで根拠法令や記載要領を示して説明します。

ア　再生医療等の概要

　　対象疾患についての説明、治療の提供方法の説明、治療法の開発経緯などの概要を記載します。

イ　対象疾患等

　　どのような疾患を対象とするかを記載します。

ウ　再生医療等を受ける者の基準

　　再生医療等を受ける者を選択するための基準として、選択基準、除外基準などを記載します。

エ　再生医療等を提供する前の措置

　　問診、診察などによる適格性の確認の方法、微生物の存在に関する検査の方法、説明及び同意の取得の手順などを記載します。

オ　細胞の採取の方法

　　再生医療等に用いる特定細胞加工物の原料となる細胞の採取の方法を記載します。

　　また前述のとおり、記載要領では①イ～ニの記載が求められています。

カ　細胞の一部の保存方法

　　疾病などが発生した場合の原因究明のために採取した細胞の一部を保存しておく場合は、その方法を記載します。

●省令

（試料の保管）〈一部抜粋〉

第16条　再生医療等の提供を行う医療機関の管理者は、再生医療等を受ける者が感染症を発症した場合等の原因の究明のため、細胞提供者又は細胞を採取した動物の細胞の一部等の適当な試料について、採取を行った日から一定期間保管しなければならない。ただし、保管しないこと又は保管できないことについて、採取した細胞が微量である場合その他合理的な理由がある場合には、この限りでない。

キ　細胞の輸送方法

　　細胞培養を行う場合などで、採取した医療機関から細胞培養加工施設に細胞を輸送する場合は、どのような容器を使用するのかや誰が輸送を行うのか、輸送条件（温度など）などを記載します。

ク　特定細胞加工物の製造方法

　　特定細胞加工物を製造する細胞培養加工施設の名称、施設番号や、製造工程を記載します。

ケ　特定細胞加工物の輸送方法

　　細胞培養加工施設で細胞加工物を製造し、投与を行う医療機関に輸送する場合は、どのような容器を使用するのかや誰が輸送を行うのか、輸送条件（温度など）などを記載します。

コ　特定細胞加工物の投与の決定方法

　　特定細胞加工物の投与の可否を決定する方法、時期、決定者を記載します。

記載要領　4　再生医療等技術の安全性の確保等に関する措置

・「再生医療等を行う際の責務」欄の「特定細胞加工物の投与の可否の決定の方法（特定細胞加工物を用いる場合のみ記載）」欄について

　特定細胞加工物の投与の可否の決定方法について次に掲げる事項を記載すること。

①　決定を行う時期

②　決定を行う者

③　その他

　なお、省令には特定細胞加工物の投与の可否の決定方法について以下のように定められていますので、決定者は必然的に医師または歯科医師となります。

（再生医療等を行う際の責務）〈一部抜粋〉

第10条

3　医師又は歯科医師は、再生医療等に特定細胞加工物を用いる場合においては、再生医療等を受ける者に対し、特定細胞加工物の投与を行う際に、当該特定細胞加工物が特定細胞加工物概要書に従って製造されたものか確認する等により、当該特定細胞加工物の投与の可否について決定しなければならない。

サ　投与の方法

投与を行う場所、投与方法などを記載します。

記載要領　3　再生医療等に用いる細胞の入手の方法並びに特定細胞加工物の製造及び品質管理の方法等
　　　　　　　　（2）特定細胞加工物の製造及び品質管理の方法

・「特定細胞加工物の投与の方法」欄について
　投与を行う場所（例：手術室）及び投与方法を記載すること。

シ　使用した特定細胞加工物の一部の保存方法

疾病などが発生した場合の原因究明のために使用した特定細胞加工物の一部を保存しておく場合は、その方法を記載します。

（試料の保管）〈一部抜粋〉

第16条　再生医療等の提供を行う医療機関の管理者は、再生医療等を受ける者が感染症を発症した場合等の原因の究明のため、当該再生医療等に用いた細胞加工物の一部について、再生医療等を行った日から一定期間保管しなければならない。ただし、保管しないこと又は保管できないことについて、細胞加工物が微量である場合その他合理的な理由がある場合には、この限りでない。

ス　疾病などの発生における報告体制

　　再生医療等の提供に起因するものと疑われる疾病などが発生した場合は、厚生労働省及び委員会への報告が必要とされており、その報告体制を記載します。

●再生医療等安全性確保法

（認定再生医療等委員会への疾病等の報告）

第17条　再生医療等提供機関の管理者は、再生医療等提供計画に記載された再生医療等の提供に起因するものと疑われる疾病、障害若しくは死亡又は感染症の発生を知ったときは、厚生労働省令で定めるところにより、その旨を再生医療等提供計画に記載された認定再生医療等委員会に報告しなければならない。

2　前項の場合において、認定再生医療等委員会が意見を述べたときは、再生医療等提供機関の管理者は、当該意見を尊重して必要な措置をとらなければならない。

（厚生労働大臣への疾病等の報告）

第18条　再生医療等提供機関の管理者は、再生医療等提供計画に記載された再生医療等の提供に起因するものと疑われる疾病、障害若しくは死亡又は感染症の発生に関する事項で厚生労働省令で定めるものを知ったときは、厚生労働省令で定めるところにより、その旨を厚生労働大臣に報告しなければならない。

●省令

（認定再生医療等委員会への疾病等の報告）

第35条　提供機関管理者は、再生医療等提供計画に記載された再生医療等の提供について、次に掲げる事項を知ったときは、それぞれ当該各号に定める期間内に当該事項を、再生医療等提供計画に記載された認定再生医療等委員会に報告しなければならない。

　　一　次に掲げる疾病等の発生のうち、当該再生医療等の提供によるものと疑われるもの又は当該再生医療等の提供によるものと疑われる感染症によるもの　7日

イ　死亡

　　ロ　死亡につながるおそれのある症例

　二　次に掲げる疾病等の発生のうち、当該再生医療等の提供によ
　　るものと疑われるもの又は当該再生医療等の提供によるものと
　　疑われる感染症によるもの　15 日

　　イ　治療のために医療機関への入院又は入院期間の延長が必要
　　　とされる症例

　　ロ　障害

　　ハ　障害につながるおそれのある症例

　　ニ　重篤である症例

　　ホ　後世代における先天性の疾病又は異常

　三　再生医療等の提供によるものと疑われる又は当該再生医療等
　　の提供によるものと疑われる感染症による疾病等の発生（前二号
　　に掲げるものを除く。）　再生医療等提供計画を厚生労働大臣に
　　提出した日から起算して 60 日ごとに当該期間満了後 10 日以内

2　前項（次条第 2 項において読み替えて準用する場合を含む。）
　の規定は、再生医療等を多施設共同研究として行う場合について
　準用する。この場合において、同項中「提供機関管理者」とある
　のは、「代表管理者」と読み替えるものとする。

（厚生労働大臣への疾病等の報告）

第 36 条　法第 18 条の厚生労働省令で定める事項は、前条第 1 項
　第 1 号及び第 2 号に掲げる事項とする。

2　前条（第 1 項第 3 号を除く。）の規定は、法第 18 条の規定に
　よる厚生労働大臣への報告について準用する。この場合において、
　前条第 1 項中「再生医療等提供計画に記載された認定再生医療等
　委員会」とあるのは「厚生労働大臣」と読み替えるものとする。

記載要領　4　再生医療等技術の安全性の確保等に関する措置

・「疾病等の発生時における報告体制の内容」欄について

　　再生医療等を行う医師又は歯科医師が、疾病等の発生を知った
　場合の報告体制（報告先や報告方法等）について記載すること。

セ　再生医療等の提供終了後の措置の内容（疾病などの発生についての適当な期間の追跡調査、効果についての検証の内容）

　　再生医療等を提供した後の安全性や有効性の評価のために、追跡調査（定期検査やフォローアップ）を行う期間やタイミング、方法を記載します。効果の検証については、具体的な検査方法や評価指標を明記することが望ましいです。

記載要領　4　再生医療等技術の安全性の確保等に関する措置

・「再生医療等の提供終了後の措置の内容（疾病等の発生についての適当な期間の追跡調査、効果についての検証の内容）」欄について

再生医療等を受けた個々の患者の定期検査やフォローアップを行う期間や方法等について記載すること。

ソ　環境への配慮の内容（環境に影響を及ぼすおそれのある再生医療等を行う場合）

　　こちらは記載要領により記載が求められている事項となりますが、環境に影響を及ぼすおそれがない場合は記載する必要はありません。

タ　細胞の安全性に関する疑義が生じた場合の安全性の確保等を図るための措置の内容

　　こちらは記載要領により記載が求められている事項となり、記載は必須となります。

　　措置の内容としては、治療の提供中止、原因究明、治療後の場合は再生医療等を受けた者に対する必要な治療の実施などが挙げられます。

●省令

（細胞の安全性に関する疑義が生じた場合の措置）
第15条　再生医療等を行う医師又は歯科医師は、細胞提供者又は細胞を採取した動物の遅発性感染症の発症の疑いその他の当該細胞の安全性に関する疑義が生じたことを知った場合には、再生医

療等の安全性の確保等を図るために必要な措置を講じなければならない。

チ　再生医療等を受ける者の健康情報等を把握するための措置の内容

こちらも記載要領により記載が求められており、記載が必須の事項です。

措置の内容としては、再生医療等を受ける者の連絡先の取得などが挙げられます。

●省令

（再生医療等を受ける者に関する情報の把握）
第19条　再生医療等を行う医師又は歯科医師は、再生医療等の提供に起因するものと疑われる疾病等の発生の場合に当該疾病等の情報を把握できるよう、及び細胞加工物に問題が生じた場合に再生医療等を受けた者の健康状態等が把握できるよう、あらかじめ適切な措置を講じなければならない。

③　実施責任者及び再生医療等を行う医師または歯科医師の氏名、所属、役職及び略歴を記載した書類

記載要領には以下のように記載されており、A4用紙1〜2枚にまとめることが求められます。

記載要領　「添付資料」について

（3）実施責任者及び再生医療等を行う医師又は歯科医師の氏名、所属、役職及び略歴（研究に関する実績がある場合は、当該実績を含む。）を記載した書類

略歴は、学歴、職歴、資格、臨床経験（特に提供する再生医療等に関する臨床経験）及び研究に関する実績がある場合は研究実績をA4用紙1〜2枚に記載すること。

ア　学歴

　　具体的にいつからいつまでの学歴の記載が必要であるかは示されておりませんが、大学以降の学歴のみの記載で問題はないでしょう。

イ　職歴

　　医療法人設立認可申請の際の履歴書では、空白期間や重複期間がある場合は指摘されることがありますが、こちらの書類についてはそこまで求められず、空白期間や重複期間があっても問題ないと思われます。

　　ただし、再生医療等を実施する医療機関に現在勤務している（非常勤可）ことについては記載が求められます。

ウ　資格

　　医籍番号、医師免許取得日は記載が必要となり、その他、専門医資格などがあれば記載します。医業に関係のない資格まで記載する必要はありません。

エ　臨床経験（特に提供する再生医療等に関する臨床経験）

　　臨床経験は履歴書において最も重要な部分となります。**第3章❶（1）**のとおり、実施責任者や再生医療等を行う医師または歯科医師に対する基準が定められており、主にこちらの臨床経験に関する記載によって基準に適合していることを示すことが求められます。

●省令

（人員）

第5条　第一種再生医療等（法第2条第5項に規定する第一種再生医療等をいう。以下同じ。）又は第二種再生医療等（法第2条第6項に規定する第二種再生医療等をいう。以下同じ。）の提供を行う医療機関は、当該第一種再生医療等又は第二種再生医療等に関する業務の実施を統括するため、当該業務に係る責任者（以下「実施責任者」という。）を置かなければならない。

第5章　再生医療等提供計画の提出

2　実施責任者は、医師又は歯科医師であって、実施する第一種再生医療等又は第二種再生医療等の対象となる疾患及び当該疾患に関連する分野について、十分な科学的知見並びに医療に関する経験及び知識を有していなければならず、研究として再生医療等を行う場合には、研究に関する倫理に配慮して当該研究を適正に実施するための十分な教育及び訓練を受けていなければならない。

（再生医療等を行う医師又は歯科医師の要件）
第9条　再生医療等を行う医師又は歯科医師は、当該再生医療等を行うために必要な専門的知識及び十分な臨床経験を有していなければならず、研究として再生医療等を行う場合には、研究に関する倫理に配慮して当該研究を適正に実施するための十分な教育及び訓練を受けていなければならない。

（下線は著者）

　　　提供しようとする再生医療等に関する臨床経験がある場合は、それを記載します。提供しようとする再生医療等に関する臨床経験がない場合は、対象疾患に対する別の治療法や、同じ特定細胞加工物を用いた別の対象疾患に対する治療法の経験を記載します。

　　　また、提供しようとする再生医療等に関する研修の受講歴の記載として、メーカーや細胞培養加工施設による研修、学会発表、セミナーなどの受講（予定）内容についても記載することが望ましいです（委員会や厚生局から求められる場合もあります）。
　オ　研究に関する実績がある場合は研究実績
　　　研究実績がある場合のみ記載すればよく、記載する場合でもすべての研究実績を記載する必要はなく、提供しようとする再生医療等に関連するもののみを記載すれば問題ありません。略歴書全体でA4用紙1〜2枚にすることが求められ

ているため、関連のない研究実績を記載していることにより
3枚以上になる場合は削除するように指導される場合もあり
ます。

④ 細胞提供者に対する説明文書及び同意文書の様式／再生医療等を受ける者に対する説明文書及び同意文書の様式

この2つの書類は本来別の書類となりますが、本書執筆時
点で一般的に実施されている再生医療等はほぼ患者自身の細胞
を用いるものであり、細胞提供者と再生医療等を受ける者が同
じですので、1つの書類にまとめて作成することができます。

なお、この書類は厚生労働省HPの「再生医療等提供機関の
情報について（https://www.mhlw.go.jp/stf/seisakunitsu
ite/bunya/0000186471.html)」において公表されることと
なっており、個人情報や知的財産に関する箇所についてはマス
キングして提出することとされています。

> 記載要領 「添付資料」について
>
> （4）再生医療等を受ける者に対する説明文書及び同意文書の様
> 式
> 公表用の説明同意文書であるため、個人情報や知的財産に係
> る内容等をマスキングした後に添付すること。

細胞提供者に説明が必要な内容と、再生医療等を受ける者に
説明が必要な内容はそれぞれ以下のとおりとなります。

●省令

> （細胞の入手）〈一部抜粋〉
> 第7条
> 　六　細胞の提供を受ける際に、細胞提供者に対し、原則として、
> 　　次に掲げる事項について、できる限り平易な表現を用い、文書
> 　　により適切な説明を行い、文書により同意を得ていること。
> 　　イ　提供する再生医療等の名称及び当該再生医療等の提供につ

いて厚生労働大臣に再生医療等提供計画（法第4条第1項
に規定する再生医療等提供計画をいう。以下同じ。）を提出
している旨

ロ　細胞の提供を受ける医療機関等の名称及び細胞の採取を行
う医師又は歯科医師の氏名

ハ　当該細胞の使途

ニ　細胞提供者として選定された理由

ホ　当該細胞の提供により予期される利益及び不利益

ヘ　細胞提供者となることは任意であること。

ト　同意の撤回に関する事項

チ　当該細胞の提供をしないこと又は同意を撤回することによ
り不利益な取扱いを受けないこと。

リ　研究に関する情報公開の方法（研究として再生医療等を行
う場合に限る。）

ヌ　細胞提供者の個人情報（法第15条に規定する個人情報を
いう。以下同じ。）の保護に関する事項

ル　試料等（人体から取得された試料及び再生医療等に用いる
情報をいう。以下同じ。）の保管及び廃棄の方法

ヲ　研究に対する第8条の8第1項各号に規定する関与に関
する状況（研究として再生医療等を行う場合に限る。）

ワ　当該細胞を用いる再生医療等に係る特許権、著作権その他
の財産権又は経済的利益の帰属に関する事項

カ　苦情及び問合せへの対応に関する体制

ヨ　当該細胞の提供に係る費用に関する事項

タ　当該細胞の提供による健康被害に対する補償に関する事項

レ　再生医療等の提供に伴い、細胞提供者の健康、子孫に受け
継がれ得る遺伝的特徴等に関する重要な知見が得られる可能
性がある場合には、当該細胞提供者に係るその知見（偶発的
所見を含む。）の取扱い

ソ　細胞提供者から取得された試料等について、当該細胞提供
者から同意を得る時点では特定されない将来の研究のために

　　　　用いられる可能性又は他の医療機関に提供する可能性がある
　　　　場合には、その旨及び同意を受ける時点において想定される
　　　　内容

　ツ　再生医療等の審査等業務（法第26条第1項に規定する審
　　　査等業務をいう。以下同じ。）を行う認定再生医療等委員会(法
　　　第26条第5項第2号に規定する認定再生医療等委員会をい
　　　う。以下同じ。）における審査事項その他当該再生医療等に
　　　係る認定再生医療等委員会に関する事項

　ネ　研究に用いる医薬品等（臨床研究法（平成29年法律第
　　　16号)第2条第3項に規定する医薬品等をいう。以下同じ。）
　　　の製造販売をし、若しくはしようとする医薬品等製造販売業
　　　者（同条第4項に規定する医薬品等製造販売業者をいう。以
　　　下同じ。）又はその特殊関係者（同条第2項第1号に規定す
　　　る特殊関係者をいう。以下同じ。）による研究資金等（同号
　　　に規定する研究資金等をいう。以下同じ。）の提供を受けて
　　　研究を行う場合においては、同法第32条に規定する契約の
　　　内容（研究として再生医療等を行う場合に限る。）

　ナ　その他当該細胞を用いる再生医療等の内容に応じ必要な事項

（再生医療等を受ける者に対する説明及び同意）

第13条　再生医療等を行う医師又は歯科医師は、再生医療等を受
　ける者に対し、当該再生医療等について、文書により同意を得な
　ければならない。

2　再生医療等を行う医師又は歯科医師は、前項の同意を得るに際
　し、次に掲げる事項について、できる限り平易な表現を用い、文
　書により再生医療等を受ける者に説明を行わなければならない。

　一　提供する再生医療等の名称及び厚生労働大臣に再生医療等提
　　　供計画を提出している旨

　二　再生医療等を提供する医療機関の名称並びに当該医療機関の
　　　管理者、実施責任者及び再生医療等を行う医師又は歯科医師の
　　　氏名（再生医療等を多施設共同研究として行う場合にあっては、

代表管理者の氏名及び当該再生医療等を行う他の医療機関の名
　　称及び当該医療機関の管理者の氏名を含む。）

三　提供される再生医療等の目的及び内容

四　当該再生医療等に用いる細胞に関する情報

五　再生医療等を受ける者として選定された理由（研究として再
　　生医療等を行う場合に限る。）

六　当該再生医療等の提供により予期される利益及び不利益

七　再生医療等を受けることを拒否することは任意であること。

八　同意の撤回に関する事項

九　再生医療等を受けることを拒否すること又は同意を撤回する
　　ことにより不利益な取扱いを受けないこと。

十　研究に関する情報公開の方法（研究として再生医療等を行う
　　場合に限る。）

十一　再生医療等を受ける者又は代諾者の求めに応じて、研究計
　　画書その他の研究の実施に関する資料を入手又は閲覧できる旨
　　及びその入手又は閲覧の方法（研究として再生医療等を行う場
　　合に限る。）

十二　再生医療等を受ける者の個人情報の保護に関する事項

十三　試料等の保管及び廃棄の方法

十四　研究に対する第8条の8第1項各号に規定する関与に関
　　する状況（研究として再生医療等を行う場合に限る。）

十五　苦情及び問合せへの対応に関する体制

十六　当該再生医療等の提供に係る費用に関する事項

十七　他の治療法の有無及び内容並びに他の治療法により予期さ
　　れる利益及び不利益との比較

十八　当該再生医療等の提供による健康被害に対する補償に関す
　　る事項（研究として再生医療等を行う場合に限る。）

十九　再生医療等を受ける者の健康、子孫に受け継がれ得る遺伝
　　的特徴等に関する重要な知見が得られる可能性がある場合に
　　は、当該者に係るその知見（偶発的所見を含む。）の取扱い

二十　再生医療等を受ける者から取得された試料等について、当

該者から同意を受ける時点では特定されない将来の研究のため
に用いられる可能性又は他の医療機関に提供する可能性がある
場合には、その旨と同意を受ける時点において想定される内容
二十一　当該再生医療等の審査等業務を行う認定再生医療等委員
会における審査事項その他当該再生医療等に係る認定再生医療
等委員会に関する事項
二十二　研究に用いる医薬品等の製造販売をし、若しくはしよう
とする医薬品等製造販売業者又はその特殊関係者による研究資
金等の提供を受けて研究を行う場合においては臨床研究法第
32条に規定する契約の内容（研究として再生医療等を行う場
合に限る。）
二十三　その他当該再生医療等の提供に関し必要な事項

　これらの記載事項の中から重複しているものを統合し、研究と
して再生医療等を行う場合のみの記載事項を削り、著者は説明同
意文書に以下の内容を記載しています。

　ア　再生医療等の名称、厚生労働省への届出について
　　　再生医療等の名称と、再生医療等安全性確保法に基づき厚
　　生労働大臣に再生医療等提供計画を提出していることを記載
　　します。
　イ　細胞の提供を受ける医療機関、再生医療を提供する医療機
　　関等に関する情報について
　　　以下の内容を記載します。

・医療機関名
・医療機関の管理者
・再生医療等の実施責任者
・細胞の採取を行う医師（または歯科医師）
・再生医療等を提供する医師（または歯科医師）

なお、細胞の採取を行う医師、再生医療等を提供する医師については、委員会や厚生局の判断次第となりますが、空欄にしておいて実際に担当する医師（または歯科医師）の氏名を手書きで書き入れる形式でも認められる場合があります。

ウ　細胞の使途、再生医療等の目的及び内容について

　　実施する再生医療等の目的（対象疾患など）や内容を記載します。再生医療等の内容としては、治療の手順や原理などについて説明を記載することになります。

エ　細胞提供者として選定された理由

　　細胞提供者として選定された理由として、選定基準と除外基準を記載します。

　　再生医療等を受ける本人から採取する場合は、以下のような記載で問題ありません。

（選定基準）

　　再生医療等を受ける本人であること。

（除外基準）

　　細胞提供者としての独自の除外基準は設定しない。

　　また、ウかエのどちらかに再生医療等を受ける者としての選択基準の記載を求める委員会が多くなっています。

オ　再生医療等に用いる細胞について

　　再生医療等に用いる細胞について、細胞の提供を受ける医療機関の名称、細胞の採取方法、細胞の加工方法などを記載します。

課長通知　Ⅳ（35）省令13条2項4号関係

　「当該再生医療等に用いる細胞に関する情報」には少なくとも以下の内容を含めること。

①　細胞加工物の構成細胞となる細胞に関する事項

②	細胞の提供を受ける医療機関等の名称
③	細胞の採取の方法
④	細胞の加工の方法

カ　細胞の提供や再生医療等を受けることによる利益（効果など）、不利益（危険など）について

　　利益として再生医療等を受けることにより期待される治療効果など、不利益として細胞の採取（採血や脂肪切除など）や細胞の投与に伴い発生する可能性のある有害事象などについて記載します。

　　注意点として、利益を過剰に強調したり不利益を過小に見えるように記載すると、委員会審査において説明内容として不適切であると判断されるおそれがあります。

課長通知　Ⅳ（37）省令13条2項6号関係

「当該再生医療等の実施により予期される利益及び不利益」は、予期される臨床上の利益及び不利益をいい、再生医療等を受ける者にとって予期される利益がない場合はその旨を説明すること。

キ　細胞の提供や再生医療を受けることを拒否できること

　　再生医療等は再生医療等を受ける者の自由意思によって提供される者であり、理由の有無にかかわらず細胞を提供することや治療を受けることに同意せず、拒否できることを記載します。

課長通知　Ⅳ（38）省令13条2項7号関係

「再生医療等を受けることを拒否することは任意であること」としては、再生医療等を受けることは自由意思によるものであり、再生医療等を受ける者又は代諾者は、理由の有無にかかわらず拒否又は撤回することができること。

第5章　再生医療等提供計画の提出

ケ 同意の撤回について

　説明を受けたうえで、細胞を提供することや治療を受けることに同意した場合の撤回について記載します。どの時点までであれば同意を撤回できるのか、同意を撤回した場合の費用負担はどうなるのかなどを記載します。

課長通知　Ⅳ（39）省令13条2項8号関係
「同意の撤回に関する事項」としては、例えば、同意の撤回ができる具体的な期間を記載することが挙げられること。

コ 拒否、同意の撤回により、不利益な取扱いを受けないこと

　キ、ケの記載に基づいて細胞を提供することや治療を受けることを拒否したり、同意を撤回したりした場合でも、不利益な取扱いを受けないことを記載します。

サ 個人情報の保護について

　個人情報の保護の方法について記載します。

　なお、個人情報の取扱いについては、省令にて以下のように定められています。

●省令

（細胞提供者等に関する個人情報の取扱い）

第23条　細胞提供者及び再生医療等を受ける者に関する個人情報を保有する者は、特定の個人を識別することができないように保有する個人情報（以下「保有個人情報」という。）を加工する場合にあっては、必要な場合に特定の個人を識別できる情報を保有しつつ行った上で、当該個人情報を取り扱わなければならない。

（個人情報の取扱い）

第26条の3　研究として再生医療等を行う医療機関の管理者及び研究として行う再生医療等に従事する者は、個人情報を取り扱うに当たっては、個人情報の保護に関する法律（平成15年法律第

57 号）の規定によるほか、同法における個人に関する情報の保護の措置に準じて、個人情報の漏えい、減失又は毀損の防止その他の個人情報の適切な管理のために必要な措置を講じなければならない。

2　研究として再生医療等を行う医療機関の管理者及び研究として行う再生医療等に従事する者は、個人情報を取り扱うに当たっては、前項の規定にかかわらず、第３項及び第４項並びに次条から第 26 条の 13 までの規定の定めるところによる。

3　研究として行う再生医療等に従事する者は、原則として、あらかじめ、本人（個人情報によって識別される特定の個人をいう。以下同じ。）又はその親権を行う者、配偶者、後見人その他これらに準ずる者（以下「本人等」という。）から同意を得た範囲又は次条の規定により通知し、若しくは公表している範囲を超えて、再生医療等の実施に伴い取得した保有個人情報を取り扱ってはならない。

4　研究として再生医療等を行う医療機関の管理者は、個人情報の利用（再生医療等を多施設共同研究として行っている場合における他の医療機関の管理者又は外国（個人情報の保護に関する法律第 28 条第１項に規定する外国をいう。第 26 条の 13 において同じ。）にある者への提供を含む。次条において同じ。）の目的（次条第１号イにおいて「利用目的」という。）の達成に必要な範囲内において、保有個人情報を正確かつ最新の内容に保たなければならない。

　省令第 26 条の３は、すべて研究として再生医療等を行う場合のみに適用されますが、治療の場合でも１項に定められているように個人情報の保護に関する法律にしたがって個人情報を扱うことが望ましく、そのような内容をこの項目に記載することになると思われます。

シ　試料（細胞、特定細胞加工物など）などの保管及び廃棄の方法について

　細胞や特定細胞加工物の保管の有無（保管しない場合は理由）、保管する場合は保管期間終了後の廃棄方法について記載します。

　なお、こちらは疾患等が発生した場合の原因究明のための「試料など」の保管についてであり、再投与を行う場合の特定細胞加工物の保管について記載することは求められていません。

ス　再生医療等に係る特許権、著作権その他の財産権、経済的利益の帰属について

　細胞提供者から細胞の提供を受けて実施した再生医療等に係る特許権、著作権その他の財産権、経済的利益の帰属について、細胞提供者と医療機関のどちらに帰属するのかを記載します。治療として再生医療等を行う際に該当する事態が発生する必要は低いと思われますが、それでも記載が必要な事項となっています。

セ　苦情及び問合せの体制

　再生医療等に関連した苦情及び問合せの体制について、担当窓口の名称、担当者名、電話番号、受付時間、受付時間外の対応などを記載します。

課長通知　Ⅳ（42）省令13条2項15号関係

「苦情及び問合せへの対応に関する体制」の説明に当たっては、以下の点に留意すること。

①　必ずしも提供する再生医療等の相談窓口専用の担当部署や場所を設ける必要はなく、再生医療等を受ける者が問合せできる連絡先を明示し、対応可能な体制を整えることで差し支えない。

②　必ずしも提供する再生医療等ごとに設ける必要はなく、再生医療等の提供を行う医療機関で一つ定めることとしても差し支えない。ただ

し、その場合にあっては、提供する再生医療等に関する具体的な対応
ができる者との連絡体制を整えること。

③　苦情や告発の場合は、再生医療等の提供を行う医療機関の連絡体制
に準じ、再生医療等の提供を行う医療機関の管理者に報告できる体制
を整備しておくこと。

ソ　費用について
　　再生医療等を受ける者が支払う費用を記載します。

> 課長通知　Ⅳ（43）省令 13 条 2 項 16 号関係
> 「費用に関する事項」は、再生医療等を受ける者が負担する費用及び研究として再生医療等を行う場合に金銭等が支払われる場合の費用をいう。

なお、費用については別に料金表などを作成、添付することも可能ですが、その場合はその料金表なども説明文書の一部とみなされ、委員会審査や厚生労働省の HP での公表の対象となります。

タ　他の治療法の有無、本治療法との比較について
　　他の治療法（標準治療など）の有無や、提供しようとする再生医療等との効果、副作用、費用などの面での比較を記載します。

　　注意点として、他の治療法に比べて提供しようとする再生医療等が著しく優れているかのような記載をすると委員会審査において不適切であると判断される可能性があります。

> 課長通知　Ⅳ（44）省令 13 条 2 項 17 号関係
> 「他の治療法の有無及び内容並びに他の治療法により予期される利益及び不利益との比較」には、他の選択できる治療法の有無及び当該治療法の内容について説明すること。

チ　健康被害に対する補償について

　　細胞の提供や治療の実施が原因であると思われる健康被害
が発生した場合の補償の方法や健康被害が発生した場合の連
絡窓口を記載します。

　　保険への加入（再生医療専用のものではなく、一般的な医
師賠償責任保険などでも可）への加入が主な補償方法として
挙げられますが、健康被害に対する医療の提供も補償の方法
として認められています。

　　ただし、委員会によっては保険への加入を必須としている
ところもあります。

課長通知　Ⅳ（45）省令 13 条 2 項 18 号関係

「当該再生医療等の提供による健康被害に対する補償に関する事項」に
は、以下の事項を含めること。

①　健康被害が発生した場合に受けることができる補償について説明す
　　ること。

②　健康被害が発生した場合に照会又は連絡すべき再生医療等の提供を
　　行う医療機関の窓口を説明すること。

●省令

（細胞提供者等に対する補償）

第 22 条　再生医療等の提供を行う医療機関の管理者又は再生医療
　　等に用いる細胞の提供を受ける医療機関等の管理者は、細胞提供
　　者が再生医療等を受ける者以外の者である場合には、当該細胞の
　　提供に伴い生じた健康被害の補償のために、保険への加入その他
　　の必要な措置を講じておかなければならない。

2　再生医療等の提供を行う医療機関の管理者は、再生医療等（研
　　究として行われる場合に限る。）の提供に当たっては、当該再生
　　医療等の提供に伴い生じた健康被害の補償のために、保険への加
　　入その他の必要な措置を講じておかなければならない。

> 課長通知　Ⅳ 再生医療等提供基準について　（60）省令 22 条 1 項および 2 項関係
>
> 「その他の必要な措置」としては、例えば、健康被害に対する医療の提供が挙げられること。

　ツ　再生医療等の審査を行う認定再生医療等委員会の情報、審査事項について

　　　審査を受けた委員会の名称や苦情及び問合せの受付窓口、審査事項について記載します。

> 課長通知　Ⅳ（48）省令 13 条 2 項 21 号関係
>
> 「当該再生医療等の審査等業務を行う認定再生医療等委員会における審査事項その他当該再生医療等に係る認定再生医療等委員会に関する事項」には、当該再生医療等に係る審査等業務を行った認定再生医療等委員会の名称並びに当該委員会の苦情及び問合せを受け付けるための窓口の連絡先を含むこと。

　テ　その他の特記事項

　　　再生医療等を受けるにあたっての注意事項や経過観察の方法など、法令上は説明が必須とはなっていないものの、再生医療等の提供にあたって必要な事項などを記載します。

　　　また、著者は以下の事項についてはその他特記事項として記載するようにしています。

●省令

> （細胞の入手）〈一部抜粋〉
> 第 7 条第 1 項第 6 号
> 　　レ　再生医療等の提供に伴い、細胞提供者の健康、子孫に受け継がれ得る遺伝的特徴等に関する重要な知見が得られる可能性がある場合には、当該細胞提供者に係るその知見（偶発的所見を含む。）の取扱い

ト　同意書

　　文書による説明を受けて細胞の提供及び再生医療等を受けることについて同意したことを示す同意書を作成、添付します。

　　なお、患者本人ではなく代諾者による同意を受ける場合がありますが、その場合は代諾者と再生医療等を受ける者との関係を記載する（＝記録に残す）ことが求められます。

●省令

> 生医療等を受ける者として」とあるのは「再生医療等を受ける者
> が再生医療等を受ける者として」と、「再生医療等を受けること」
> とあるのは「同意」と、「再生医療等を受ける者の個人情報」と
> あるのは「再生医療等を受ける者及び代諾者の個人情報」と、「当
> 該者から」とあるのは「代諾者から」と読み替えるものとする。
> 2　再生医療等を行う医師又は歯科医師は、再生医療等を受ける者
> の代諾者の同意を得た場合には、代諾者の同意に関する記録及び
> <u>代諾者と再生医療等を受ける者との関係</u>についての記録を作成し
> なければならない。

（下線は著者）

ナ　同意撤回書

　　細胞の提供や再生医療等を受けることについて同意した後
に同意を撤回する場合の同意撤回書を作成、添付します。

⑤　再生医療等提供計画に記載された再生医療等と同種又は類似の再生医療等に関する国内外の実施状況を記載した書類

　　提供しようとする再生医療等と同種、または類似の再生医療
等に関する国内外の研究論文など、およびその概要（提供しよ
うとする再生医療等との関連性を含む）を記載したものを添付
します。

　　著者は、(1) 文献調査、収集で調査、収集した研究論文など
と、研究論文を要約した概要及び提供しようとする再生医療等
との関連性を記載した文書を作成して添付するようにしていま
す。

課長通知　Ⅴ (7) 省令27条8項3号関係（一部抜粋）

　「再生医療等提供計画に記載された再生医療等と同種又は類似の再生医
療等に関する国内外の実施状況を記載した書類」としては、例えば、当
該再生医療等と同種又は類似の再生医療等に関する国内外の研究論文が
挙げられること。

> (5) 再生医療等提供計画に記載された再生医療等と同種又は類似
> 　　の再生医療等に関する国内外の実施状況を記載した書類
> 　　再生医療等と同種又は類似の再生医療等に関する国内外の研究
> 論文等及びその概要（提供しようとする再生医療等との関連性に
> ついても明記したもの。）を添付すること。

　なお、「同種または類似の再生医療等」とされていますので、
「再生医療等」に該当しない治療や研究（細胞加工物を用いな
い場合、ヒトを対象としていない場合など）に関する研究論文
などを添付することは適切ではないと考えられます。そのよう
な研究論文については、「Ⅶ　再生医療等に用いる細胞に関連
する研究を記載した書類」として添付します。

　また、委員会によっては、研究論文だけではなく同種の再生
医療等を実施している医療機関数の記載を求められる場合があ
ります。その場合は、厚生労働省 HP の再生医療等提供機関一
覧（https://www.mhlw.go.jp/stf/seisakunitsuite/
bunya/0000186471.html）を用いて医療機関数を調べて記
載します。

⑥　再生医療等に用いる細胞に関連する研究を記載した書類

　使用する細胞に関連する研究論文などおよびその概要（提供
しようとする再生医療等との関連性を含む）を記載したものを
添付します。「Ⅵ　再生医療等提供計画に記載された再生医療
等と同種又は類似の再生医療等に関する国内外の実施状況を記
載した書類」と同様、研究論文などだけでなく概要および提供
しようとする再生医療等との関連性を記載した文書も添付が必
要となります。

> 課長通知　V　(8) 省令27条8項4号関係
>
> 「再生医療等提供計画に記載された再生医療等に用いる細胞に関連する研究を記載した書類」としては、例えば、当該再生医療等に用いる細胞に関連する研究論文が挙げられること。

> 記載要領　「添付資料」について
>
> (6) 再生医療等に用いる細胞に関連する研究を記載した書類
>
> 　使用する細胞に関連する研究論文等及びその概要（提供しようとする再生医療等との関連性についても明記したもの。）を添付すること。

　　添付する再生医療等に用いる細胞の性質を生体外で解析した研究や、実験動物を用いた非臨床試験に関する研究論文などを添付することになります。

⑦　特定細胞加工物概要書

　　特定細胞加工物概要書は特定細胞加工物の製造管理、品質管理のために作成が必要となる書類です。

●省令

（特定細胞加工物の製造及び品質管理の方法）

第8条　再生医療等の提供を行う医療機関の管理者は、再生医療等に特定細胞加工物を用いる場合においては、当該特定細胞加工物の名称、構成細胞及び製造方法等を記載した特定細胞加工物概要書（以下「特定細胞加工物概要書」という。）を作成しなければならない。

2　再生医療等の提供を行う医療機関の管理者は、再生医療等に特定細胞加工物を用いる場合においては、特定細胞加工物製造事業者（法第2条第8項に規定する特定細胞加工物製造事業者をいう。以下同じ。）に、法第44条に規定する特定細胞加工物製造事業者の業務に関し遵守すべき事項に従って細胞培養加工施設（法第2条第4項に規定する細胞培養加工施設をいう。以下同じ。）における特定細胞加工物の製造及び品質管理を行わせなければなら

なお、特定細胞加工物概要書のひな型は他の標準書、基準書、手順書と一緒に再生医療学会が書式例を公開していますが、このひな型を使用する必要はありません。再生医療学会のひな型はレイアウトの関係上使いづらく、一部必要のない事項も含まれていますので、著者は課長通知に示された記載事項を元に独自の書式を作成して使用しています。

課長通知　Ⅳ（12）省令8条1項関係

特定細胞加工物概要書には、以下の事項を記載しなければならない。

① 特定細胞加工物を用いる再生医療等に関する事項

（ア）再生医療等の名称

（イ）再生医療等の提供を行う医療機関の名称、所在地及び連絡先

（ウ）再生医療等提供計画の実施責任者又は再生医療等を行う医師若しくは歯科医師の氏名

（エ）再生医療等の概要（内容、適応疾患、期待される効果、非臨床試験等の安全性及び妥当性についての検討内容、当該再生医療等の国内外の実施状況等）

② 特定細胞加工物に関する事項

（ア）特定細胞加工物の名称

（イ）特定細胞加工物の概要（特定細胞加工物の特性及び規格、規格の設定根拠、外観等）

（ウ）特定細胞加工物の原料等及び原料等の規格

（エ）その他特定細胞加工物の使用上の注意及び留意事項

③ 特定細胞加工物の製造及び品質管理に関する事項

（ア）特定細胞加工物を製造する予定の細胞培養加工施設の名称及び所在地並びに委託の範囲

（イ）製造・品質管理の方法の概要、原料の検査及び判定基準、製造工

程における検査、判定基準及び判定基準の設定根拠、特定細胞加工
物の検査及び判定基準

（ウ）特定細胞加工物の取扱いの決定方法

（エ）特定細胞加工物の表示事項

（オ）特定細胞加工物の保管条件及び投与可能期間

（カ）特定細胞加工物の輸送の方法

（キ）その他製造・品質管理に係る事項（製造手順に関する事項、検査
手順に関する事項、記録に関する事項、衛生管理、製造管理、品質
管理に関する事項等）

なお、特定細胞加工物概要書の作成については、「厚生労働省の所管す
る法令の規定に基づく民間事業者等が行う書面の保存等における情報通
信の技術の利用に関する省令」に基づく電磁的記録の作成を行うことが
できること。

　　各項目の記載内容は、以下のとおりとなります。なお、これ
までに説明した添付書類の記載内容と重複する項目について
は、同じ内容を記載する形で問題ありませんので割愛します。

〈1〉　特定細胞加工物を用いる再生医療等に関する事項

（ア）～（ウ）　略

（エ）再生医療等の概要（内容、適応疾患、期待される効果、
非臨床試験等の安全性及び妥当性についての検討内容、当
該再生医療等の国内外の実施状況等）

　　安全性及び妥当性についての検討内容以外は既出となります
ので割愛します。

　　安全性及び妥当性についての検討内容については、「⑤　再
生医療等提供計画に記載された再生医療等と同種又は類似の再
生医療等に関する国内外の実施状況を記載した書類」、「⑥　再
生医療等に用いる細胞に関連する研究を記載した書類」に添付

する研究論文などを元に安全性及び妥当性について検討した内容を記載します。

　安全性については、研究論文などにおける副作用、有害事象の有無などから検討を行います。

　妥当性については、平成 28 年 7 月 28 日に厚生労働省医政局研究開発振興課長から発出された事務連絡にて以下のように示されており、研究論文などを元に有効性が安全性におけるリスクを上回るかを検討することになります。

> ・施行規則第 10 条第 1 項に規定する「妥当性」については、再生医療等を治療として実施する場合は、患者本人の利益として、当該再生医療等の有効性が安全性におけるリスクを上回ることが十分予測されることを含むものであること。
> ・このため、再生医療等を治療として実施する場合には、再生医療等提供計画においては、当該再生医療等の有効性が安全性におけるリスクを上回ることについて、科学的な根拠を示す必要があること。

〈2〉　特定細胞加工物に関する事項
（ア）特定細胞加工物の名称
　　　使用する特定細胞加工物の名称を記載します。
（イ）特定細胞加工物の概要（特定細胞加工物の特性及び規格、規格の設定根拠、外観等）
　　・特性及び規格、外観等
　　　特性、外観や性状などを記載します。
　　　規格としては多血小板血漿の場合は目視検査、培養細胞の場合は目視検査、細胞数、生存率、無菌試験、マイコプラズマ否定試験、エンドトキシン試験などの規格を記載します。
　　・規格の設定根拠
　　　文献情報など、規格の設定根拠を記載します。

（ウ）特定細胞加工物の原料等及び原料等の規格

・原料等

　多血小板血漿の場合は、患者本人の血液や多血小板血漿の作製キット、添加物などを記載します。培養細胞の場合は、使用する細胞の元となる組織（脂肪、皮膚、血液など）や培養に使用する培地、血清（代替血清含む）、抗生物質などの薬剤などを記載します。

・原料等の規格

　供給者からの記録の確認、無菌試験、マイコプラズマ否定試験、エンドトキシン試験などの規格を記載します。

（エ）その他特定細胞加工物の使用上の注意及び留意事項

　使用する際の注意点、留意事項として記載します。

例）脂肪由来幹細胞の場合

　1）投与前に転倒混和して細胞を十分に懸濁させる。

　2）投与前に室温に戻す。

〈3〉　特定細胞加工物の製造及び品質管理に関する事項

（ア）特定細胞加工物を製造する予定の細胞培養加工施設の名称及び所在地ならびに委託の範囲

　特定細胞加工物を製造する細胞培養加工施設の名称、所在地、委託の範囲を記載します。委託の範囲については、細胞培養を外部の細胞培養加工施設に委託する場合は「特定細胞加工物製造の全工程」、院内で製造する場合は「委託しない」のような記載となります。

（イ）製造・品質管理の方法の概要、原料の検査及び判定基準、製造工程における検査、判定基準及び判定基準の設定根拠、特定細胞加工物の検査及び判定基準

・製造・品質管理の方法の概要

　特定細胞加工物の製造および品質管理の方法の概要を記載

します。

　具体的にどの程度の記載が必要となるかは示されていませんが、実際に行う操作を詳細に記載するか、詳細な操作を記載した操作手順書を別途添付することが望ましいと思われます。

・原料の検査及び判定基準、製造工程における検査、判定基準及び判定基準の設定根拠、特定細胞加工物の検査及び判定基準

　原料や製造工程、完成した特定細胞加工物の検査方法及び判定基準を記載します。原料や特定細胞加工物については②に記載した規格と整合性がとれるようにする必要があります。

（ウ）特定細胞加工物の取扱いの決定方法

　特定細胞加工物の取扱い（出荷の可否）の決定方法を記載します。

　取扱いの決定については以下のように省令、課長通知に記載されており、これに従って取扱いの決定を行うことが求められます。

●省令

（特定細胞加工物の取扱い）

第101条　特定細胞加工物製造事業者は、品質部門に、手順書等に基づき、製造管理及び品質管理の結果を適切に評価し、その結果を踏まえ、製造した特定細胞加工物の取扱いについて決定する業務を行わせなければならない。

2　前項の業務を行う者は、当該業務を適正かつ円滑に実施し得る能力を有する者でなければならない。

3　特定細胞加工物製造事業者は、第1項の業務を行う者が当該業務を行う際に支障が生ずることがないようにしなければならない。

> **課長通知　Ⅶ（53）省令 101 条関係**
>
> 　細胞培養加工施設からの特定細胞加工物の提供については、試験検査の結果が判明し、医師又は歯科医師が提供の可否の決定をした後に行うことが原則であること。
>
> 　ただし、無菌試験のような実施に一定の日数を要する試験検査の結果の判明を待たずに医師又は歯科医師が提供の可否の決定を行わざるを得ない場合において、特定細胞加工物の提供後に規格外の試験検査結果が得られた場合において採るべき措置（当該特定細胞加工物の提供先となる再生医療等提供機関との連絡を含む。）があらかじめ手順書等に規定されている場合、例外的に、当該試験検査の結果の判明を待たずに提供の可否の決定を行っても差し支えないこと。

（エ）特定細胞加工物の表示事項

　　名称、患者識別情報、製造日、保管条件などの特定細胞加工物（の容器）の表示事項を記載します。

　　なお、患者氏名を記載することとしている細胞培養加工施設もありますが、個人情報保護の観点から不適切であると判断する委員会もあります。

（オ）特定細胞加工物の保管条件及び投与可能期間

　　特定細胞加工物の保管条件（温度など）や投与可能期間を記載します。

（カ）特定細胞加工物の輸送の方法

　　院外の細胞培養加工施設に製造委託する場合の特定細胞加工物の輸送の方法を記載します。多血小板血漿などを院内で製造する場合は、輸送を行わない旨を記載すれば問題ありません。

（キ）その他製造・品質管理に係る事項（製造手順に関する事項、検査手順に関する事項、記録に関する事項、衛生管理、製造管理、品質管理に関する事項等）

　　製造・品質管理にあたって参照する手順書などを記載します。

⑧　特定細胞加工物標準書

　特定細胞加工物標準書は、再生医療等を提供する医療機関が作成することとされている特定細胞加工物概要書とは異なり、特定細胞加工物製造事業者が作成することとされています。

　そのため、多血小板血漿などを院内で製造する場合は、再生医療等を提供する医療機関が作成しますが、院外の培養加工施設に細胞培養などを委託する場合は、培養加工施設を設置する事業者が作成することになります。

　特定細胞加工物標準書の記載事項は、省令により以下のように定められています。

　なお、前述のとおり特定細胞加工物標準書のひな型は再生医療学会が公開していますが、このひな型は省令に定められた記載事項を一部満たしていないため注意が必要です。

●省令

（特定細胞加工物の取扱い）

第96条　特定細胞加工物製造事業者は、特定細胞加工物ごとに、次に掲げる事項について記載した特定細胞加工物標準書を当該特定細胞加工物の製造に係る細胞培養加工施設ごとに作成し、保管するとともに、品質部門の承認を受けるものとしなければならない。

一　特定細胞加工物概要書記載事項

二　製造手順（前号に掲げる事項を除く。）

三　品質に関する事項（前二号に掲げる事項を除く。）

四　その他所要の事項

課長通知　Ⅶ（23）省令96条1号関係

　「特定細胞加工物概要書記載事項」とは、特定細胞加工物概要書に記載された事項のうち、次に掲げるものであること。

①　特定細胞加工物を使用する再生医療等技術に関する事項

（ア）再生医療等の名称

（イ）再生医療等提供計画の概要（内容、適応疾患等、期待される効果、安全性及び妥当性についての検討内容、当該再生医療等の国内外の実施状況等）

② 特定細胞加工物に関する事項

（ア）特定細胞加工物の名称

（イ）特定細胞加工物の概要（特定細胞加工物の特性及び規格の設定根拠、外観）

（ウ）特定細胞加工物の原料等及び規格

（エ）その他特定細胞加工物の使用上の注意及び留意事項

③ 特定細胞加工物の製造及び品質管理に関する事項

（ア）特定細胞加工物を製造する予定の細胞培養加工施設の名称及び所在地並びに委託の範囲

（イ）製造・品質管理の方法の概要、原料の検査及び判定基準、製造工程における検査、判定基準及び設定根拠、特定細胞加工物の検査及び判定基準

（ウ）特定細胞加工物の取扱いの決定方法

（エ）特定細胞加工物への表示事項

（オ）特定細胞加工物の保管条件及び投与可能期間

（カ）特定細胞加工物の輸送の方法

（キ）その他製造・品質管理に係る事項（製造手順に関する事項、検査手順に関する事項、記録に関する事項、衛生管理、製造管理、品質管理に関する事項等）

課長通知　Ⅶ（24）省令 96 条 2 号及び 3 号関係

第 2 号の「製造手順」及び第 3 号の「品質に関する事項」は、（23）に掲げる以外のものであって、特定細胞加工物概要書を踏まえ、特定細胞加工物製造事業者が定めるものであること。

第5章　再生医療等提供計画の提出

この規定のとおり、特定細胞加工物概要書の記載事項と、特定細胞加工物概要書に記載されていない製造手順、品質に関する事項の記載が必要となっていますので、特定細胞加工物概要書に必要なことがすべて記載されている場合は、特定細胞加工物標準書は同じ内容を記載する形で問題ありません。

⑨　衛生管理基準書

　衛生管理基準書も、特定細胞加工物製造事業者が作成することが要求されている書類です。

●省令

> （手順書等）〈一部抜粋〉
> 第97条　特定細胞加工物製造事業者は、細胞培養加工施設ごとに、構造設備の衛生管理、職員の衛生管理その他必要な事項について記載した衛生管理基準書を作成し、これを保管しなければならない。

　記載事項は課長通知により示されていますが、下線のとおり、こちらの記載は例示であるため必ず課長通知に記載された事項すべてを記載しなければならないわけではありません。しかしながら、この事項すべてを記載していないと委員会や厚生局から指摘される場合があるため、特に理由がなければこのとおりに記載することが望ましいと思われます。

> 課長通知　Ⅶ（25）省令97条1項関係
> 　「衛生管理基準書」については、試験検査業務（製造工程に係る試験検査業務及び品質管理に係る試験検査業務を含む。）等において衛生管理が必要な場合においてはその内容を含むものであること。
> 　「構造設備の衛生管理、職員の衛生管理」としては、例えば、次の事項が挙げられること。
> ①　構造設備の衛生管理に関する事項
> 　（ア）清浄を確保すべき構造設備に関する事項
> 　（イ）清浄作業の頻度に関する事項

（ウ）清浄作業の手順に関する事項

（エ）構造設備（試験検査に関するものを除く。）の微生物等による汚染の防止措置に関する事項

（オ）その他構造設備の衛生管理に必要な事項

② 職員の衛生管理に関する事項

（ア）職員の更衣に関する事項

（イ）手洗いの方法に関する事項

（ウ）その他職員の衛生管理に必要な事項

なお、衛生管理基準書の作成については、「厚生労働省の所管する法令の規定に基づく民間事業者等が行う書面の保存等における情報通信の技術の利用に関する省令」に基づく電磁的記録の作成を行うことができること。

（下線は著者）

衛生管理基準書についても再生医療学会がひな型を公開しており、細胞培養を行う場合はひな型に沿って作成する形で問題ありませんが、多血小板血漿を院内で製造する場合は必要ない内容も含まれています。

⑩ 製造管理基準書

記載内容以外の説明は衛生管理基準書と同様となりますので、省令、課長通知を示し、説明については割愛します。

●省令

（手順書等）〈一部抜粋〉

第97条

2 特定細胞加工物製造事業者は、細胞培養加工施設ごとに、特定細胞加工物等の保管、製造工程の管理その他必要な事項について記載した製造管理基準書を作成し、これを保管しなければならない。

課長通知 Ⅶ（26）省令97条2項関係

「製造管理基準書」は、省令第99条に規定する製造管理に係る業務を

適切に遂行するための事項を定めたものであること。

「特定細胞加工物等の保管、製造工程の管理」としては、例えば、次の事項が挙げられること。

① 構造設備の点検整備、計器の校正等に関する事項

② 原料となる細胞の微生物等による汚染の防止措置に関する事項

③ 原料となる細胞の確認等（輸送の経過の確認を含む。）に関する事項

④ 特定細胞加工物等及び資材の保管及び出納に関する事項

⑤ 特定細胞加工物等及び資材の管理項目の設定及び管理に関する事項

⑥ 細胞の混同及び交さ汚染の防止措置に関する事項

⑦ 特定細胞加工物等の微生物等による汚染の防止措置に関する事項

⑧ 微生物等により汚染された物品等の処置に関する事項

⑨ 輸送において特定細胞加工物等の品質の確保のために必要な措置等に関する事項

⑩ 製造工程の管理が適切に行われていることの確認及びその結果の品質部門に対する報告に関する事項

⑪ 重大事態発生時における措置に関する事項

なお、製造管理基準書の作成については、「厚生労働省の所管する法令の規定に基づく民間事業者等が行う書面の保存等における情報通信の技術の利用に関する省令」に基づく電磁的記録の作成を行うことができること。

⑪ 品質管理基準書

記載内容以外の説明は、衛生管理基準書と同様となりますので、省令、課長通知を示し、説明については割愛します。

● 省令

（手順書等）〈一部抜粋〉

第 97 条

3 特定細胞加工物製造事業者は、細胞培養加工施設ごとに、検体の採取方法、試験検査結果の判定方法その他必要な事項を記載した品質管理基準書を作成し、これを保管しなければならない。

課長通知　Ⅶ（27）省令 97 条 3 項関係

　「品質管理基準書」は、省令第 100 条に規定する品質管理に係る業務を適切に遂行するための事項を定めたものであること。

　「検体の採取方法、試験検査結果の判定方法」としては、例えば、次の事項が挙げられること。なお、外部試験検査機関等を利用して試験検査を行う場合においては、検体の送付方法及び試験検査結果の判定方法等を品質管理基準書に記載しておくこと。

①　試験検査に関する設備及び器具の点検整備、計器の校正等に関する事項

②　特定細胞加工物等及び資材の試験検査における検体の採取等に関する事項（採取場所の指定を含む。）

③　検体の識別及び区分の方法に関する事項

④　採取した検体の試験検査に関する事項

⑤　提供先となる再生医療等機関からの求めに応じ実施する試験検査の結果の判定等に関する事項

⑥　提供先となる再生医療等機関からの求めに応じ実施する試験検査の結果の記録の作成及び保管に関する事項

⑦　原料等の供給者管理に関する事項

⑧　製造管理に係る確認の結果について、製造部門から報告された場合における当該結果についての取扱いに関する事項

　なお、品質管理基準書の作成については、「厚生労働省の所管する法令の規定に基づく民間事業者等が行う書面の保存等における情報通信の技術の利用に関する省令」に基づく電磁的記録の作成を行うことができること。

⑫　委託契約書の写しその他これに準ずるもの

　細胞培養などを院外の細胞培養加工施設に委託する場合は、委託契約書の写しまたは契約締結前の委託契約書の案を添付します。課長通知に以下のように示されており、契約締結前のものを添付する形でも問題ありません。

⑬　再生医療等提供計画の情報の公表に関する同意書

　再生医療等提供計画の情報の公表に関する同意書は、「① 認定再生医療等委員会意見書など」で説明したのと同じ e- 再生医療の「当サイトについて」からダウンロードできます。

図表5－10　情報公表同意書のダウンロード

様式	添付書類（説明）
様式第1の2 再生医療等提供計画（治療）	1.　認定再生医療等委員会意見書 ・再生医療等提供計画に記載した認定再生医療等委員会が述べた意見書の写し ・審査の過程がわかる記録の写し ・当該認定再生医療等委員会が記載した再生医療等提供基準チェックリストの写し 2.　提供する再生医療等の詳細を記した書類 3.　実施責任者及び再生医療等を行う医師又は歯科医師の氏名、所属、役職及び略歴（研究に関する実績がある場合には、当該実績を含む。）を記載した書類 4.　再生医療等に用いる細胞の提供を受ける場合にあっては、細胞提供者又は代諾者に対する説明文書及び同意文書の様式（細胞の提供を受ける場合） 5.　再生医療等を受ける者に対する説明文書及び同意文書の様式 6.　再生医療等提供計画に記載された再生医療等と同種又は類似の再生医療等に関する国内外の実施状況を記載した書類 7.　再生医療等に用いる細胞に関連する研究を記載した書類 8.　特定細胞加工物概要書、特定細胞加工物標準書、衛生管理基準書、製造管理基準書及び品質管理基準書（特定細胞加工物を用いる場合） 9.　再生医療等製品の注意事項等情報（再生医療等製品を用いる場合） 10. 再生医療等の内容をできる限り平易な表現を用いて記載したもの 11. 委託契約書の写しその他これに準ずるもの（特定細胞加工物の製造を委託する場合） 12. その他 　・再生医療等提供計画の情報の公表に関する同意書 　・本文中に掲載しきれない説明書類等

（e- 再生医療）

　情報の公表に関する同意書には公表事項が列記されているため、公表に同意しない項目を二重線で消し、日付、医療機関名、住所、管理者氏名、受付番号を記載します。受付番号は再生医療等提供計画（様式1の2）を e- 再生医療の申請システム上で作成した際に発行されるため、発行後に記載することになります。

　なお、情報の公表の可否は以下の省令で定める事項以外は任意となっており、公表に同意しないことによる不利益などもありません。

●省令

（厚生労働大臣による情報の公表）
第31条の3　厚生労働大臣は、再生医療等提供機関が提供する再生医療等に係る次の各号に掲げる事項（法第5条第3項の規定による届出があった場合には、当該各号に掲げる事項であって当該届出に係る変更後のもの）をインターネットを利用して公衆の閲覧に供する方法により公表するものとする。
一　再生医療等提供機関の名称及び住所並びに管理者の氏名
二　提供する再生医療等（研究として行われる場合にあっては、その旨を含む。）及び再生医療等の区分
三　再生医療等提供計画に記載された認定再生医療等委員会の名称
四　再生医療等を受ける者に対する説明文書及び同意文書の様式
五　法第22条又は第23条の規定による命令（提供機関管理者が法第4条第1項の規定による提出を行うことなく他の再生医療等を提供した場合に行うものを含む。）をした場合にあっては、その内容

⑭　再生医療等の内容をできる限り平易な表現を用いて記載したもの

　再生医療等安全性確保法や省令には添付書類として記載され

ていないものの、以下のように記載要領で示されており、再生
医療等提供計画（様式第1の2）への添付が求められている書類
となります。

記載要領　1　提供しようとする再生医療等及びその内容

・「再生医療等の内容（再生医療等の内容をできる限り平易な表現
　を用いて記載したものを含む）」欄について
　再生医療等の内容を記載した上で、「再生医療等の内容をできる
限り平易な表現を用いて記載したもの」については、別途資料を
作成し、添付書類として添付すること。

　具体的な記載内容は示されていませんが、説明同意文書から
再生医療等の内容、治療を受けることによる利益および不利益、
他の治療法との比較などを抜粋して作成すれば問題ありませ
ん。

（3）再生医療等提供計画の作成

　添付書類の作成が完了したら再生医療等提供計画（様式第1の2）
の作成を行います。添付書類を作成した後に再生医療等提供計画
（様式第1の2）を作成することを推奨する理由として、再生医療
等提供計画（様式第1の2）の記載事項の大部分は添付書類の記載
事項と重複しており、重複する部分については添付書類に記載し
た内容をそのまま転記する形で再生医療等提供計画（様式第1の2）
を作成することが可能だからです。

　再生医療等提供計画（様式第1の2）は e- 再生医療（https://
saiseiiryo.mhlw.go.jp）の申請システムを用いて作成します。
e- 再生医療のトップページの「再生医療等提供計画の新規作成」
をクリックすると、再生医療等提供計画（様式第1の2）の作成ペー
ジにアクセスすることができます。

図表5−11　再生医療等提供計画の作成（e-再生医療トップページ）

(e-再生医療)

　再生医療等提供計画（様式第1の2）の作成ページは9つの項目に分かれていますので、項目ごとに記載方法を説明していきます。

①　申請者情報

　申請者情報には以下の事項を記載します。

ア　提出日

　再生医療等提供計画を厚生労働省（または地方厚生局）に提出する日を記載します。提出日は項目6の「認定再生医療等委員会による意見書の発行日」よりも後の日付である必要があるため、委員会から意見書が発行された後に、提出する直前に記載します。

イ　再生医療等の提供を行う医療機関の名称

ウ　再生医療等の提供を行う医療機関の住所

エ　管理者　氏名

　　　再生医療等の提供を行う医療機関の名称、住所、管理者の氏名をそれぞれ記載します。医療機関の開設届に記載したとおりに記載するようにしてください。

②　項目1　提供しようとする再生医療等及びその内容

　項目1には、以下の事項を記載します。

ア　提供しようとする再生医療等の名称

　　　提供しようとする再生医療等の名称を記載します。名称の記載については、記載要領により以下のように示されています。

記載要領　1　提供しようとする再生医療等及びその内容

・「提供しようとする再生医療等の名称」欄について
　再生医療等技術の内容が明確に判別できるように、用いる特定細胞加工物の種類及び提供する目的を含み、かつ簡潔な名称とすること。

　　　記載要領に基づいた記載例は、以下のようになります。

　　・多血小板血漿を用いた変形性関節症の治療

　　・脂肪由来幹細胞を用いた慢性疼痛の治療

　　　なお、提供しようとする再生医療等の名称は、各添付書類に記載した名称と一致させる必要があります。

イ　再生医療等の分類と判断理由

　　　再生医療等の分類（第一種、第二種、第三種）を選択し、判断理由を記載します。判断理由は課長通知に記載されたリスク分類の図を元に、どのように図中で分類を判断したかを含めて記載します。

記載要領　1　提供しようとする再生医療等及びその内容

・「再生医療等の分類」欄の「判断理由」欄について

　　提供しようとする再生医療等の内容及び再生医療等に用いる特定細胞加工物の特性を簡潔に記載し、分類を判断した理由について、「再生医療等の安全性の確保等に関する法律」、「再生医療等の安全性の確保等に関する法律施行令」及び「再生医療等の安全性の確保等に関する法律施行規則」の取扱いについて（平成26年10月31日付け医政研発1031第1号厚生労働省医政局研究開発振興課長通知（最終改正：令和4年3月31日））」の図2（第一種・第二種・第三種再生医療等技術のリスク分類）に基づき、どのような検討を経て、どのように図中で分類を判断したかについて判断の結果を含め記載すること。

図表5－12　再生医療等技術のリスク分類（課長通知　Ⅲ）

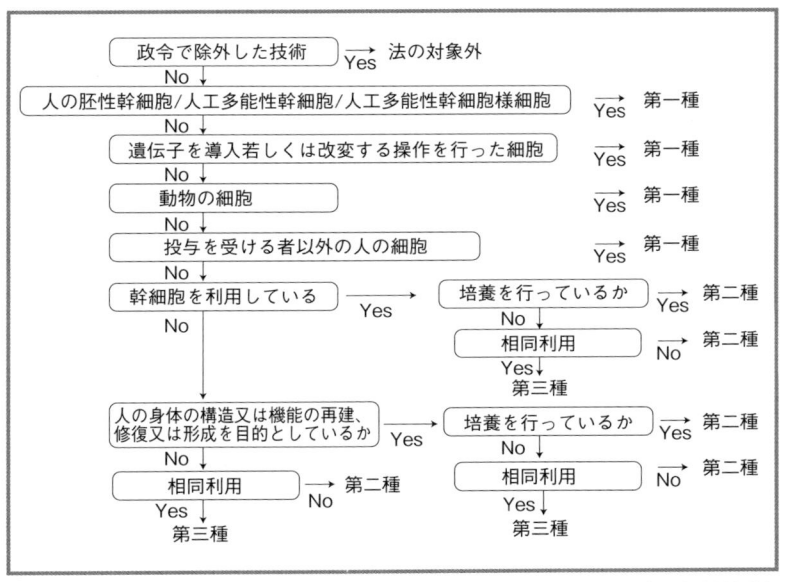

（厚生労働省）

例として、脂肪由来幹細胞を用いた慢性疼痛の場合の記載内容は、以下のようになります。

> 　本再生医療等は慢性疼痛の症状の改善を目的として、再生医療等を受ける者から採取した脂肪組織から分離した脂肪由来間葉系幹細胞を培養し、静脈点滴に投与するものである。
> 政令の除外技術には該当せず、人の胚性幹細胞、人工多能性幹細胞、人工多能性幹細胞様細胞、遺伝子を導入もしくは改変する操作を行った細胞、動物の細胞、投与を受ける者以外の人の細胞は用いない。
> 　使用する細胞は脂肪由来の幹細胞であり培養を行っていることから、平成 26 年 10 月 31 日付け医政研発 1031 第 1 号厚生労働省医政局研究開発振興課長通知の図 2 に基づき第二種に該当すると判断した。

ウ　再生医療等の対象疾患等の名称

　　再生医療等の対象疾患等の名称として、「提供する再生医療等の詳細を記した書類」や「特定細胞加工物概要書」に記載した対象疾患の名称と同じ内容を記載します。

エ　再生医療等の内容（再生医療等の内容をできる限り平易な表現を用いて記載したものを含む）

　　再生医療等の内容について記載します。記載要領には、以下のように示されています。

記載要領　1　提供しようとする再生医療等及びその内容

・「再生医療等の内容（再生医療等の内容をできる限り平易な表現を用いて記載したものを含む）」欄について

　再生医療等の内容を記載した上で、「再生医療等の内容をできる限り平易な表現を用いて記載したもの」については、別途資料を作成し、添付書類として添付すること。

記載要領には具体的な内容は記載されていませんが、作成ページに注釈として、以下のように記載されています。

> ※　当該再生医療等の対象疾患、対象となる者の基準、用いる細胞、投与の方法等の内容を記載。また、「再生医療等の内容をできる限り平易な表現を用いて記載したもの」については、別途資料を作成し、添付書類として添付すること。

この注釈に従い、当該再生医療等の対象疾患、対象となる者の基準、用いる細胞、投与の方法等を記載します。「提供する再生医療等の詳細を記した書類」などに記載した内容と同じ内容を記載すれば問題ありません。

「再生医療等の内容をできる限り平易な表現を用いて記載したものを含む」とされていますが、記載要領や注釈に記載されているように「再生医療等の内容をできる限り平易な表現を用いて記載したもの」は、別途資料を作成し添付書類として添付することになります。

なお、これ以降の項目でも同様ですが、作成ページの入力欄にそのまま記載した場合は書式が反映されないため、書式を反映する必要がある場合（単位や化合物名、指数などで上付き文字、下付き文字を使用する場合など）は「入力支援」の機能を使用する必要があります。

また同様に、各入力欄に字数の上限が設定されているため、字数の上限を超える場合は、字数を超える部分については別紙を作成して添付することになります。図表などを用いる場合も同様です。

③　項目２　人員及び構造設備その他の施設等

項目２には、以下の事項を記載します。

第5章　再生医療等提供計画の提出

ア　実施責任者の連絡先

実施責任者の連絡先を記載します。

第三種再生医療等の場合は、実施責任者の設置は必須ではありませんが、この項目には「実施責任者に準ずる者」として再生医療等を行う医師のうち1名の情報を記載することになります。

記載要領　2　人員及び構造設備その他の施設等

・「実施責任者の連絡先」欄について

第三種再生医療等の場合は、「実施責任者に準ずる者」を記載すること。

イ　事務担当者の連絡先

事務担当者の連絡先を記載します。

厚生労働省（または地方厚生局）からの連絡は事務担当者宛に行われるため、連絡を受け付けることのできる連絡先を記載する必要があります。

ウ　再生医療等を行う医師又は歯科医師の区分、氏名、所属機関・部署

再生医療等を行う医師又は歯科医師の情報を記載します。複数名いる場合は「医師又は歯科医師を追加する」ボタンをクリックして記載欄を追加します。

エ　救急医療に必要な施設又は設備（第一種再生医療等又は第二種再生医療等の提供を行う場合のみ必須）

救急医療に必要な施設または設備としては、エックス線装置、心電図、輸血及び輸液のための設備、救急医療を受ける者のために優先的に使用される病床が例示されており、これらの施設または設備について記載します。

他の医療機関と連携する場合は、その医療機関名と施設または設備の内容を記載します。

　第一種または第二種再生医療等を提供する場合のみ必須とされていますが、第三種再生医療等を提供する場合でも備えている施設または設備があれば記載することが求められています。

記載要領　2　人員及び構造設備その他の施設等

・「救急医療に必要な施設又は設備」欄の「救急医療に必要な施設又は設備の内容（他の医療機関の場合はその医療機関の名称及び施設又は設備の内容）」欄について

　救急医療のために確保している病床数、設備の内容（エックス線装置、心電図、輸血及び輸液のための装置等）について記載すること。

　また、第三種再生医療等の提供を行う場合においても、救急カート等の救急医療に必要な設備を有している場合は記載すること。

④　**項目3　再生医療等に用いる細胞の入手の方法並びに特定細胞加工物の製造及び品質管理の方法等**

　項目3には、以下の事項を記載します。

1) 再生医療等に用いる細胞の入手の方法等（特定細胞加工物を用いる場合のみ記載）

記載要領　3　再生医療等に用いる細胞の入手の方法並びに特定
　　　　　　　細胞加工物の製造及び品質管理の方法等

(1) 再生医療等に用いる細胞の入手の方法等（特定細胞加工物を用いる場合のみ記載）

・「細胞提供者から細胞の提供を受ける医療機関等の名称（動物の細胞を用いる場合にあっては当該細胞の採取を行う機関等の名称）」欄について

　細胞の提供を受ける医療機関等が、再生医療等を提供する医療機関と同一である場合には、「再生医療等の提供を行う医療機関と同じ。」と記載すること。

また、細胞の提供を受ける医療機関等が複数ある場合は、医療機関ごとに記載すること。

・「細胞提供者の選定方法（動物の細胞を用いる場合にあってはドナー動物の選定方法）」欄について

　次に掲げる事項（ドナー動物についてはこれに準ずる事項）について記載すること。

①　細胞提供者の健康状態

②　細胞提供者の年齢

・「細胞提供者の適格性の確認方法（動物の細胞を用いる場合にあってはドナー動物の適格性の確認方法）」欄について

　細胞提供者を選定した後に行う適格性の確認事項、例えば、既往歴、診察内容、検査項目、検査方法について記載すること。また、感染症の感染後、検査をしても感染を証明できない時期があることを勘案し、可能な範囲で再検査の実施についても記載すること。ただし、再生医療等を受ける者の細胞を用いる場合であって、当該者のスクリーニングを行わない場合は、その旨を記載すること。

・「細胞提供者及び代諾者に対する説明及び同意の内容」欄について省令第 7 条第 6 号に掲げる項目を含むこと。

　その記載事項のすべてを記載することができないときには、同欄に「別紙のとおり。」と記載し、別紙を添付すること。

　細胞提供者及び代諾者に対する説明同意文書については、細胞提供者と再生医療等を受ける者が一致する場合でも作成することが望ましい。

・「細胞の採取の方法」欄について

　用いる器具、採取する量、麻酔方法等を記載すること。

ア　再生医療等に用いる細胞（特定細胞加工物の構成細胞となる細胞）

　　特定細胞加工物の構成細胞となる細胞（血小板、脂肪由来幹細胞など）を記載します。

イ　細胞提供者から細胞の提供を受ける医療機関等の名称（動

物の細胞を用いる場合にあっては当該細胞の採取を行う機関
等の名称）

　再生医療等を提供する医療機関で細胞の提供を受ける（細
胞の採取を行う）場合は、「再生医療等の提供を行う医療機
関と同じ」と記載します。再生医療等を提供する医療機関と
は別の医療機関等で細胞の採取を行う場合は、その医療機関
名を記載します。

　複数の医療機関等を細胞の提供を受ける医療機関等として
定めることも可能であり、その場合はこの欄にそれぞれの医
療機関名を記載することになります。

ウ　細胞提供者の選定方法（動物の細胞を用いる場合にあって
　は細胞を採取する動物の選定方法）

　細胞提供者の健康状態、細胞提供者の年齢について記載し
ます。

　本書執筆時点の科学技術では再生医療等を受ける本人を細
胞提供者として選定することがほとんどですが、その場合で
も細胞提供者の健康状態、細胞提供者の年齢については記載
が必要となります。

エ　細胞提供者の適格性の確認方法（動物の細胞を用いる場合
　にあっては細胞を採取する動物の適格性の確認方法）

　細胞提供者の適格性の確認（スクリーニング）の方法を記
載します。本書執筆時点の科学技術では、再生医療等を受け
る本人を細胞提供者として選定することがほとんどであるた
め、スクリーニングを行わないという記載になることが多い
と思われます。

オ　細胞提供者及び代諾者に対する説明及び同意の内容

　細胞提供者に対する説明文書、及び同意文書の記載内容を
記載します。文字数超過や図表などの使用により記載事項を
すべて記載できない場合は、記載できる分だけを記載したう

第5章　再生医療等提供計画の提出

えで「別紙のとおり」とします。

カ　細胞の採取の方法

　　用いる器具、採取する量、麻酔方法などの細胞の採取の方法を記載します。

　　項目1の再生医療等の内容や、「提供する再生医療等の詳細を記した書類」の記載内容と重複すると思われますが、省略せずに記載することが求められます。

2）特定細胞加工物の製造及び品質管理の方法（特定細胞加工物を用いる場合のみ記載）

記載要領　3　再生医療等に用いる細胞の入手の方法並びに特定
　　　　　　　細胞加工物の製造及び品質管理の方法等

（2）特定細胞加工物の製造及び品質管理の方法（特定細胞加工物を用いる場合のみ記載）

　　複数の細胞培養加工施設で特定細胞加工物の製造を行う場合は、「製造及び品質管理の方法の概要」から「細胞培養加工施設」までの欄を細胞培養加工施設の数に合わせて増やし、記載すること。

・「製造及び品質管理の方法の概要」欄について

　　採取した細胞の加工の方法、特定細胞加工物等の保管方法（保管場所、保管条件及び保管期間）、試験検査の方法等について簡潔に記載すること。

・「特定細胞加工物の投与の方法」欄について

　　投与を行う場所（例：手術室）及び投与方法を記載すること。

ア　特定細胞加工物の名称

　　特定細胞加工物の名称を記載します。特定細胞加工物概要書などの添付書類と記載を統一させるようにしてください。

イ　製造及び品質管理の方法の概要

　　採取した細胞の加工の方法、特定細胞加工物等の保管方法（保管場所、保管条件及び保管期間）、試験検査の方法などに

ついて記載します。特定細胞加工物概要書に記載されている内容と重複するため、特定細胞加工物概要所から転記すれば問題ありません。

ウ　特定細胞加工物の投与の方法

　　投与を行う場所（例：手術室）及び投与方法などの特定細胞加工物の投与の方法を記載します。項目1の再生医療等の内容や、「提供する再生医療等の詳細を記した書類」にも同様の内容を記載するため、転記することになります。

エ　特定細胞加工物の製造の委託の有無

　　特定細胞加工物を院外の培養加工施設に委託する場合は「有」、院内で製造する場合は「無」にチェックを入れます。

オ　特定細胞加工物製造事業者の名称

　　特定細胞加工物製造許可申請書などに記載されている特定細胞加工物製造事業者の名称を記載します。

カ　細胞培養加工施設の施設番号・名称・委託する場合は委託の内容

　　細胞培養加工施設に付与されている施設番号、許可申請書などに記載している名称、委託する場合は委託の内容（「製造の全工程」など）を記載します。

3）再生医療等製品に関する事項（再生医療等製品を用いる場合のみ記載）

　記載要領には以下のように記載されていますが、本書執筆時点では再生医療等製品を承認の範囲外で用いる再生医療等はほとんど実施されていないため説明は割愛します。

第5章

再生医療等提供計画の提出

（3）再生医療等製品に関する事項（再生医療等製品を用いる場合
　　のみ記載）
　・「再生医療等製品の名称」欄について
　　再生医療等製品の注意事項等情報に記載されている再生医療等
　製品の販売名及び一般的名称を記載すること。
　・「再生医療等製品の製造販売業者の名称」欄について
　　再生医療等製品の製造販売業者の正式名称を記載すること。
　・「再生医療等製品の承認の内容（用法、用量若しくは使用方法又
　　は効能、効果若しくは性能に関する事項）」欄について
　　再生医療等製品の注意事項等情報のうち、用法、用量若しくは
　使用方法又は効能、効果若しくは性能に関する事項を簡潔に記載
　すること。また、再生医療等製品の承認番号を記載すること。
　・「再生医療等製品の投与の方法」欄について
　　投与を行う場所（例：手術室）及び投与方法を記載すること。

4）再生医療等に用いる未承認又は適応外の医薬品又は医療機器
　に関する事項（未承認の適応外の医薬品又は医療機器を用いる
　場合のみ記載）

　記載要領には「対照薬や評価する併用薬（併用療法を評価して
いる場合に併用している医薬品等）が対象となる」と記載されて
いますが、多血小板血漿に bFGF という成長因子を添加する場
合などもこの欄に記載が求められます。

記載要領　3　　再生医療等に用いる細胞の入手の方法並びに特定
　　　　　　　細胞加工物の製造及び品質管理の方法等

（4）再生医療等に用いる未承認又は適応外の医薬品又は医療機器
　　に関する事項（未承認又は適応外の医薬品又は医療機器を用い
　　る場合のみ記載）

対照薬や評価する併用薬（併用療法を評価している場合に併用している医薬品等）が対象となる

・「一般的名称等」欄の「医薬品：一般的名称（国内外で未承認の場合は開発コードを記載すること）」欄について

後発品が多い場合は、主となる薬剤で「○○等」として差し支えない。

・「一般的名称等」欄の「医療機器」欄について

承認・認証・届出がなされている医療機器については番号を記入するとともに、注意事項等情報中にある一般的名称・類別を参照して記載すること。承認・認証・届出されていない医療機器については、PMDA の HP を参照の上、一般的名称の定義を元に、類別及び一般的名称を記載すること（https://www.std.pmda.go.jp/scripts/stdDB/JMDN/stdDB_jmdn_search.cgi?mode=1）

・「医薬品又は医療機器の提供者」の欄について

後発品が多い場合は、主となる提供者名「○○等」として差し支えない。

⑤ 項目 4 　再生医療等技術の安全性の確保等に関する措置

項目 4 には、以下の事項を記載します。

ア　提供する再生医療等の安全性についての検討内容

再生医療等技術の国内外の実施状況と、科学的文献などの情報、実験結果を踏まえて安全性の検討を行った内容を記載します。

特定細胞加工物概要書にも同様の内容を記載するため、転記すれば問題ありません。

記載要領　4　再生医療等技術の安全性の確保等に関する措置

・「再生医療等を行う際の責務」欄の「提供する再生医療等の安全性についての検討内容」欄について

検討の過程で用いた科学的文献その他の関連する情報（研究論文や学術集会の発表等）や実験結果（動物実験等）も含め、検討の概要を記載すること。

同様の再生医療等技術の国内外の実施状況について、具体的な実施件数、報告例等を簡潔に記載すること。文献報告があれば、筆頭著者名、雑誌名、巻号、ページ、発行年を記載すること。

イ　提供する再生医療等の妥当性についての検討内容

再生医療等技術の国内外の実施状況と、科学的文献などの情報、実験結果を踏まえて妥当性の検討を行った内容を記載します。

特定細胞加工物概要書にも同様の内容を記載するため、転記すれば問題ありません。

記載要領　4　再生医療等技術の安全性の確保等に関する措置

・「再生医療等を行う際の責務」欄の「提供する再生医療等の妥当性についての検討内容」欄について

検討の過程で用いた科学的文献その他の関連する情報（研究論文や学術集会の発表等）や実験結果（動物実験等）を含め、提供する再生医療等の利益及び不利益について検討の概要を記載すること。

ウ　特定細胞加工物の投与の可否の決定の方法（特定細胞加工物を用いる場合のみ記載）

投与の可否の決定方法について、決定を行う時期、決定を行う者を含めて記載します。

記載要領　4　再生医療等技術の安全性の確保等に関する措置

・「再生医療等を行う際の責務」欄の「特定細胞加工物の投与の可否の決定の方法（特定細胞加工物を用いる場合のみ記載）」欄について

特定細胞加工物の投与の可否の決定方法について次に掲げる事項を記載すること。

① 決定を行う時期

② 決定を行う者

③ その他

エ　再生医療等を受ける者及び代諾者に対する説明及び同意の内容

　　再生医療等を受ける者に対する説明文書、及び同意文書の記載内容を記載します。文字数超過や図表などの使用により記載事項をすべて記載できない場合は、記載できる分だけを記載したうえで「別紙のとおり」とします。

記載要領　4　再生医療等技術の安全性の確保等に関する措置

・「再生医療等を受ける者又は代諾者に対する説明及び同意の内容」欄について

省令第 13 条第 2 項各号に掲げる項目を含むこと。

その記載事項のすべてを記載することができないときには、同欄に「別紙のとおり。」と記載し、別紙を添付すること。

（公表用の説明同意文書については、個人情報や知的財産に係る内容等をマスキングした後、「添付書類5　再生医療等を受ける者に対する説明文書及び同意文書の様式」に添付を行うこと。）

オ　細胞の安全性に関する疑義が生じた場合の措置の内容

　　「提供する再生医療等の詳細を記した書類」の記載事項と同じであるため、同内容を転記すれば問題ありません。

カ 試料及び細胞加工物の一部の保管期間（保管しない場合にあってはその理由）、試料及び細胞加工物の一部を保管する場合にあっては、保管期間終了後の取扱い

省令第 16 条（前述）の規定に基づく試料及び細胞加工物の一部の保管について記載します。

「提供する再生医療等の詳細を記した書類」に記載している場合は同じ内容を記載します。

キ 疾病等の発生における報告体制の内容

疾病などが発生した場合の（主に医療機関内での）報告体制を記載します。

記載要領　4　再生医療等技術の安全性の確保等に関する措置

・「疾病等の発生時における報告体制の内容」欄について
　再生医療等を行う医師又は歯科医師が、疾病等の発生を知った場合の報告体制（報告先や報告方法等）について記載すること。

ク 再生医療等の提供終了後の措置の内容（疾病等の発生についての適当な期間の追跡調査、効果についての検証の内容）

疾病等の発生についての追跡調査や効果についての検証のための定期検査、フォローアップの期間、方法などを記載します。

記載要領　4　再生医療等技術の安全性の確保等に関する措置

・「再生医療等の提供終了後の措置の内容（疾病等の発生についての適当な期間の追跡調査、効果についての検証の内容）」欄について
　再生医療等を受けた個々の患者の定期検査やフォローアップを行う期間や方法等について記載すること。

ケ 再生医療等を受ける者に関する情報の把握のための措置の内容

「提供する再生医療等の詳細を記した書類」の記載事項と同じであるため、同内容を転記すれば問題ありません。

記載要領　4　再生医療等技術の安全性の確保等に関する措置

・「再生医療等を受ける者に関する情報の把握のための措置の内容」欄について

再生医療等の提供後の観察を行う期間の設定や方法、再生医療等を受けた者の連絡先を把握しておくこと等について記載すること。

⑥　項目5　細胞提供者及び再生医療等を受ける者に対する健康被害の補償の方法

項目5には、以下の事項を記載します。

ア　細胞提供者及び再生医療等を受ける者に対する健康被害の補償の方法

　　細胞提供者と再生医療等を受ける者で欄が分かれていますが、同じ内容を記載すれば問題ありません。保険への加入や健康被害に対する医療の提供について記載します。

記載要領　5　細胞提供者及び再生医療等を受ける健康被害の補償の方法

・「細胞提供者について」欄の「補償の内容（保険への加入等の具体的内容）」欄について

細胞提供者が再生医療等を受ける者以外の者であり、保険に加入予定の場合は、その名称や内容について記載すること。健康被害に対する医療を提供する場合は、その旨を記載すること。

・「再生医療等を受ける者について」欄の「補償の内容（保険への加入等の具体的内容）」欄について

保険に加入予定の場合はその名称や内容について記載すること。健康被害に対する医療を提供する場合は、その旨を記載すること。

⑦ **項目 6　審査等業務を行う認定再生医療等委員会に関する事項**

項目 6 には、以下の事項を記載します。

ア　認定再生医療等委員会の名称
　　認定再生医療等委員会の名称を記載します。
イ　認定再生医療等委員会の認定番号
　　認定番号は NA または NB と 7 桁の数字で、委員会ごとに付与されています。委員会の HP で確認するか、委員会に問い合わせて記載します。
ウ　認定再生医療等委員会の委員の構成
　　「第一種再生医療等又は第二種再生医療等を審査することができる構成」と「第三種再生医療等のみを審査することができる構成」のどちらかを選択します。注意点として、第三種再生医療等の審査の場合でも委員会の構成は、「第一種再生医療等又は第二種再生医療等を審査することができる構成」である場合があります。
エ　認定再生医療等委員会による審査結果
　　委員会の審査通過後に「適」を選択します。
オ　認定再生医療等委員会による意見書の発行日
　　委員会の審査通過後に意見書に記載されている発行日を記載します。

記載要領　6　審査等業務を行う認定再生医療等委員会に関する事項

・「認定再生医療等委員会による審査結果」欄について
　初回認定再生医療等委員会での審査における結果を選択すること。
・「認定再生医療等委員会による意見書の発行日」欄について
　初回認定再生医療等委員会での審査における意見書の発行日を記載すること。

⑧ 項目7 その他

項目7には、以下の事項を記載します。

ア 個人情報の取扱いの方法

個人情報の取扱いの方法は、個人情報取扱実施規程を添付することになりますが、この欄にも概要を記載します。

記載要領　7　その他

・「個人情報の取扱いの方法」欄について

細胞提供者及び再生医療等を受ける者に関する個人情報について、個人情報の取扱いの方法及び個人情報の漏えい、滅失又は毀損の防止その他の個人情報の適切な管理のために講じる措置の概要を記載すること。

イ 教育又は研修の方法

再生医療等の提供に関連する者（実施医師、受付スタッフ、事務担当者など）の教育または研修の方法を記載します。注意点として、記載要領により頻度の記載が求められているため、内容だけでなく頻度（年に○回など）をも記載するようにしてください。

記載要領　7　その他

・「教育又は研修の方法」欄について

再生医療等の提供に係る関係者の教育又は研修の方法（内容や頻度等）を記載すること。外部機関が実施する教育若しくは研修又は学術集会への参加の機会を確保する場合は、その内容及び方法について記載すること。

ウ 苦情及び問合せへの対応に関する体制の整備状況

苦情及び問合せを受けるための窓口、対応の手順を記載します。説明文書などと共通する記載事項となります。

> ・「苦情及び問合せへの対応に関する体制の整備状況」欄について
>   苦情及び問合せを受けるための窓口、対応の手順について記載
> すること。

エ　遺伝子組換え生物等の使用等の規制による生物の多様性の
　確保に関する法律（平成 15 年法律第 97 号）の対象となる再生
　医療等

　　該当、非該当のどちらかを選択します（ほとんどの場合、
　非該当になる）。

オ　医薬品、医療機器等の品質、有効性及び安全性の確保等に
　関する法律（昭和 35 年法律第 145 号）に規定する生物由来製
　品に指定が見込まれる医薬品、医療機器

　　該当、非該当のどちらかを選択します（ほとんどの場合、
　非該当になる）。

⑨　**添付書類**

　「ファイル選択」ボタンをクリックし、各添付書類をアップ
ロードします。

　なお、添付書類のファイル形式は特に指定されていませんが、
厚生労働省（または地方厚生局）の担当者によっては PDF 形
式での添付を求められる場合があります。

⑩　**再生医療等提供計画の出力**

図表 5 − 13　プレビューの表示

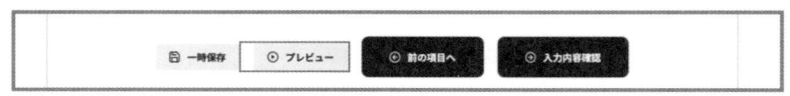

（e- 再生医療）

　すべての項目の入力が完了したら、委員会への提出用に様式1の2のプレビューを出力します。「プレビュー」ボタンをクリックすると出力プレビューが表示されるため、ブラウザの印刷機能を使ってPDFで出力します。

⑪　一時保存

図表5－14　一時保存

（e-再生医療）

　再生医療等提供計画の作成中に一時保存する場合は、ページ下部の「一時保存」のボタンをクリックします。クリックすると以下の画面が表示されるため、受付番号、パスワードを控えておき、作業を再開する際には受付番号、パスワードを入力してログインします。

図表5－15　受付番号・パスワード

再生医療等提供計画（様式第1の2）の作成

入力中のデータを以下の受付番号で保存しました。
受付番号とパスワードでログインして、作業を継続できます。

受付番号	01E2410016
パスワード	Pz2JX5ZiJm

(参考) 文字列表記例
ABCDEFGHIJKLMNOPQRSTUVWXYZ abcdefghijklmnopqrstuvwxyg 0123456789

> **❶ ご注意**
>
> • この受付番号とパスワードは、作成様式を再編集する場合や手続き状況の確認の際に必要となります。
> 　紛失しないように印刷などして大切に保存しておいてください。
>
> • 一時保存されたデータは、入力完了もしくは更新しないまま半年を経過すると自動削除されます。
> 　早めに作成を完了して提出いただくか、定期的にデータを更新していただくようお願いします。

ログアウト　　保存データ編集に戻る　　入力内容確認

（e-再生医療）

3 再生医療等提供計画作成後の流れ

　再生医療等提供計画及び添付書類作成後の流れは、以下のようになります。

（1）委員会審査
（2）地方厚生局への提出
（3）受理、再生医療等の提供開始

（1）委員会審査

① 委員会への審査申込

　委員会への審査依頼方法は委員会により異なりますので、委員会に確認のうえで審査申込を行います。**第4章7**で説明したとおり、申込期限は委員会によって異なりますので、あらかじめ確認して希望する日程に審査を受けられる期限内に申込みを行ってください。

② 委員会への資料提出

　再生医療等提供計画及び添付書類の作成完了後、委員会に資料を提出して審査を受けます。審査の申込方法や、資料の提出方法は委員会によって異なりますが、例として以下のような方法があります。
　・資料一式をメールで提出する
　・e- 再生医療の受付番号、パスワードを伝える

・資料一式を紙資料で送付する

　提出方法については審査を依頼する委員会に確認し、委員会の指示に従ってください。

③　委員会審査

　第4章**7**で説明したとおり、委員会審査は実施医師などの参加が必要な委員会と、そうでない委員会があります。また、同じ委員会でも再生医療等の内容によって参加の要否が違う場合もあります。

　委員会への参加が必要な場合、提出した再生医療等提供計画及び添付書類を元に質疑応答が行われます。質疑応答の内容は委員会や治療内容によって異なりますが、実施医師自身が再生医療等の内容について十分に理解しておくことが求められます。

④　委員会からの指摘への対応

　委員会審査の結果、委員会から指摘が行われる場合があり、その場合は資料の修正などの対応が求められます。

⑤　審査結果の通知

　委員会による審査後に審査結果の通知が行われ、審査通過の場合は意見書、審査等業務の記録、再生医療等提供基準チェックリストが発行されます。これらの書類は、再生医療等提供計画の添付書類として e- 再生医療の申請システム上でアップロードすることになります。

（2）地方厚生局への提出

　委員会審査を通過し意見書などが発行されたら、e- 再生医療

から地方厚生局に再生医療等提供計画及び添付書類を提出します。**2**（3）⑪で説明した一時保存の際に表示される受付番号、パスワードを使用して e- 再生医療にログインし、以下の操作を行います。

① 審査結果の入力

項目 6 に審査結果と意見書発行日を入力します（**2**（3）⑦参照）。

② 添付書類のアップロード

添付書類のページに委員会からの意見書、審査等業務の記録、再生医療等提供基準チェックリストを含む添付書類をアップロードします。

③ 入力内容確認、提出

ページ下部の「入力内容確認」をクリックすると入力内容の確認が行われ、記載事項や添付書類の不足がなければ**図表5−16** に示す画面が表示され、再生医療等提供計画を提出できるようになります。「提出する（再生医療等提供計画（様式第 1 の 2）の PDF 作成 9）のボタンをクリックすると、最終確認画面が表示されますので、「OK」をクリックして再生医療等提供計画を提出します。

図表５－16　提出画面

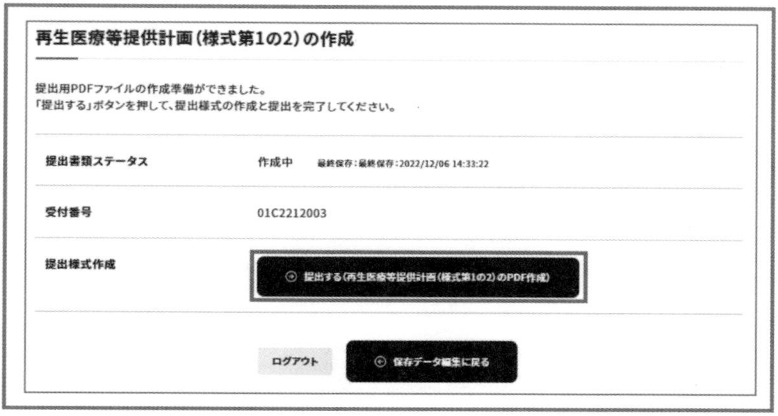

再生医療等提供計画（様式第1の2）の作成

提出用PDFファイルの作成準備ができました。
「提出する」ボタンを押して、提出様式の作成と提出を完了してください。

提出書類ステータス	作成中　最終保存：最終保存：2022/12/06 14:33:22
受付番号	01C2212003
提出様式作成	⊙ 提出する（再生医療等提供計画（様式第1の2）のPDF作成）

ログアウト　　⊙ 保存データ編集に戻る

（e-再生医療）

　提出完了後、**図表５－17**の画面が表示されますので、「様式第１の２」と「受付番号書類」をクリックして各書類をダウンロードします。

　再生医療等提供計画（様式第１の２）は自動的に地方厚生局に提出されますので、別途郵送などで提出する必要はありません。

　なお、再生医療等提供計画の提出後に地方厚生局による確認が行われ、書類不備などがある場合は差し戻されて再度編集画面が表示されるようになりますので、その場合は修正対応後に再度提出することになります。

図表 5 – 17　提出完了画面

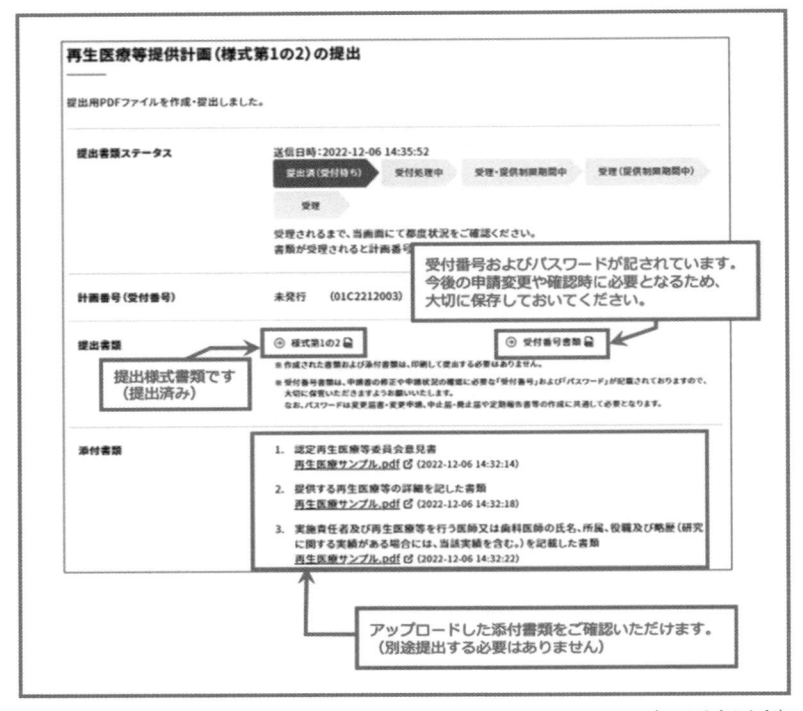

（e- 再生医療）

（3）受理、再生医療等の提供開始

　提出後は受付番号、パスワードを用いてログインすることで受付状況を確認することができます。**図表 5 – 19** のように画面の提出書類ステータスが「受理」になれば再生医療等提供計画が受理されており、再生医療等の提供が可能となります。

　なお、再生医療等提供計画が受理されても通知や連絡などはないため、自分で e- 再生医療から受理されているかの確認を行う必要があります。再生医療等提供計画を提出してから受理されるまでの期間は管轄の地方厚生局によって異なり、数日程度の地方もあれば 1 か月以上かかる地方もあります。

図表5-18 ステータス確認画面

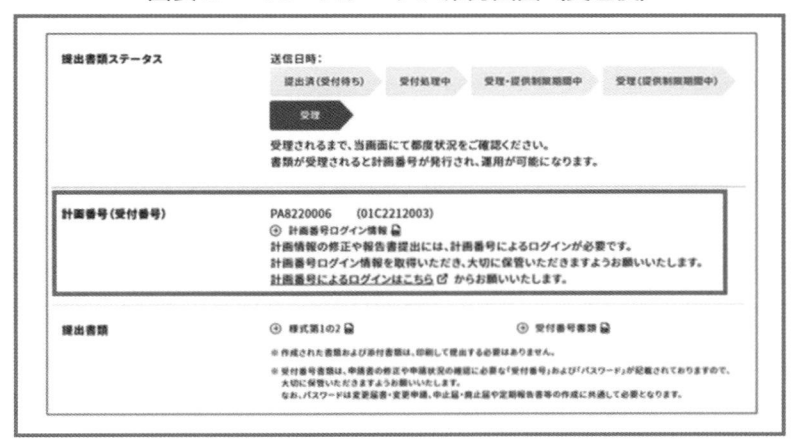

（e-再生医療）

図表5-19 ステータス確認画面（受理後）

（e-再生医療）

「計画番号ログイン情報」をクリックすると、計画番号と受理年月日、パスワードが記載された書類をダウンロードすることができます。計画受理後の手続き（変更届、定期報告など）はこの計画番号とパスワードを使用して e- 再生医療にログインし、作成、提出を行うことになります。

　なお、この計画番号などが記載された書類以外に、許可証や認定証のような再生医療等提供計画が受理されたことを証明する書類の発行はありません。

第6章

再生医療等提供計画提出後の手続き

第6章では再生医療等提供計画提出後の手続き（変更届、定期報告など）について解説します。

再生医療等提供計画を変更しようとする場合は、変更前もしくは変更後に手続きが必要となります。

重要となるのは、変更内容が法第 5 条第 1 項の括弧書き、省令第 29 条に記載されている「軽微な変更」に該当するか否かで、それによって手続内容が大きく異なります。省令第 29 条に規定されているように、再生医療等の安全性に影響を与える変更以外が軽微な変更に該当します。

軽微な変更に該当しない変更としては、主に実施医師の追加、治療方法や特定細胞加工物の製造方法、品質管理方法などの変更が挙げられますが、細胞提供者や再生医療等を受ける者に対する説明内容の変更も軽微な変更に該当しない変更とみなされています。最終的には厚生労働省および地方厚生局の担当者の判断によることとなりますので、勝手に判断せずにその都度確認するほうが確実です。

●再生医療等安全性確保法

（再生医療等提供計画の変更）

第 5 条　再生医療等提供計画の変更（厚生労働省令で定める軽微な変更を除く。次項において同じ。）をしようとする病院又は診療所の管理者は、厚生労働省令で定めるところにより、あらかじめ、その変更後の再生医療等提供計画を厚生労働大臣に提出しなければならない。

2　前条第 2 項及び第 3 項の規定は、再生医療等提供計画の変更について準用する。ただし、同項第 2 号に掲げる書類については、既に厚生労働大臣に提出されている当該書類の内容に変更がないときは、その添付を省略することができる。

3　第1項の厚生労働省令で定める<u>再生医療等提供計画の軽微な変更をした病院又は診療所の管理者</u>は、厚生労働省令で定めるところにより、<u>その変更の日から10日以内に、その旨を、再生医療等提供計画に記載された認定再生医療等委員会に通知するとともに、厚生労働大臣に届け出なければならない。</u>

（再生医療等提供計画の提出）〈一部抜粋〉
第4条
2　再生医療等を提供しようとする病院又は診療所の管理者は、前項の規定により再生医療等提供計画を提出しようとするときは、当該再生医療等提供計画が再生医療等提供基準に適合しているかどうかについて、<u>あらかじめ、当該再生医療等提供計画に記載される認定再生医療等委員会の意見を聴かなければならない。</u>
3　第1項の再生医療等提供計画には、次に掲げる書類を添付しなければならない。
　一　再生医療等提供計画に記載された認定再生医療等委員会が述べた第26条第1項第1号の意見の内容を記載した書類
　二　その他厚生労働省令で定める書類

（下線は著者）

●省令

（再生医療等提供計画の変更の提出）
第28条　法第5条第1項の規定による変更は、<u>変更後の再生医療等提供計画及び様式第2による届書を提出して行う</u>ものとする。
2　前項の規定による提出は、再生医療等を多施設共同研究として行う場合にあっては、代表管理者が行うものとする。

（再生医療等提供計画の軽微な変更の範囲）
第29条　法第5条第1項の厚生労働省令で定める<u>軽微な変更は、次に掲げる変更以外の変更とする。</u>
　一　<u>当該再生医療等の安全性に影響を与える再生医療等の提供方法の変更</u>

二　特定細胞加工物を用いる場合にあっては、<u>当該再生医療等の安全性に影響を与える特定細胞加工物の製造及び品質管理の方法の変更</u>

三　再生医療等製品を用いる場合にあっては、当該再生医療等製品に係る医薬品、医療機器等の品質、有効性及び安全性の確保等に関する法律施行規則（昭和 36 年厚生省令第 1 号。以下「医薬品医療機器等法施行規則」という。）第 137 条の 28 第 4 号に掲げる変更

四　再生医療等が研究として行われる場合にあっては、研究の実施方法の変更

五　前各号に掲げる変更のほか、<u>当該再生医療等の安全性に影響を与えるもの</u>

（再生医療等提供計画の軽微な変更の届出）
第 30 条　法第 5 条第 3 項の規定による届出は、<u>様式第 3 による届書を提出して行う</u>ものとする。

2　法第 5 条第 3 項の規定による通知及び前項の規定による届出は、再生医療等を多施設共同研究として行う場合にあっては、代表管理者が行うものとする。

（下線は著者）

（1） 軽微な変更を除く変更

　軽微な変更を除く変更は、変更後の再生医療等提供計画および様式 2（再生医療等提供計画事項変更届）、変更となる添付書類を e- 再生医療を用いて厚生労働省または地方厚生局に提出することにより行います。法第 5 条第 1 項に「あらかじめ」と規定されており、厚生労働省または地方厚生局に受理されてからでなければ変更後の再生医療等を提供することができません。

また、厚生労働省または地方厚生局に提出する前に委員会審査を受ける必要があります。

（2）軽微な変更

軽微な変更は、様式3（再生医療等提供計画事項軽微変更届）を変更後10日以内に、e-再生医療を用いて厚生労働省または地方厚生局に提出することにより行います。

なお、医療機関名や管理者を変更する場合など、軽微な変更に伴って説明同意文書が変更となる場合もありますが、再生医療等提供計画事項軽微変更届では変更後の説明同意文書を添付することができないため、そのような場合は、変更後の説明同意文書の提出は不要となっています。

（3）医療機関の移転

変更手続に関する特殊なケースとして、医療機関の移転が挙げられます。

医療法上、医療機関を移転する手続きは存在せず、既存の医療機関を廃止して移転先に新しい医療機関を開設することになります。そのため、本来であれば医療機関を移転する場合は再生医療等提供計画も出し直しになるはずですが、条件を満たす場合は軽微な変更に該当しない変更として、変更後の再生医療等提供計画および様式2（再生医療等提供計画事項変更届）を提出することで移転後の医療機関に再生医療等提供計画を引き継ぐことが可能です。このような取扱いが可能となる条件は、以下のとおりです。

- 移転前後で管轄の地方厚生局が変わらないこと
- 開設者、医療機関名、管理者、勤務する医師が変更にならないこと

ただし、このような取扱いについては、法令や通知、事務連絡などには記載されておらず、法的な根拠が存在しません。また、本書執筆時点では全国一律でこのような取扱いとなっていることを確認していますが、今後全国または一部の地域で取扱いが変更となる可能性もありますので、あらかじめ確認しておくのが望ましいでしょう。

2 定期報告

　再生医療等提供計画を提出している医療機関は、年1回の定期報告が必要となります。

　定期報告は、再生医療等提供計画の審査を受けた委員会と厚生労働省または地方厚生局のそれぞれに行う必要がありますが、実務上は先に委員会の審査を受けて、審査通過後に厚生労働省または地方厚生局に提出するという流れで行います。

　定期報告は、「再生医療等提供計画を厚生労働大臣に提出した日から起算して、1年ごとに、当該期間満了後90日以内」に行う必要があります。例えば2024年1月1日に再生医療等提供計画が受理された場合は、毎年1月1日から12月31日までの実施状況を翌年の1月1日から90日以内に報告する必要があります。

　注意点として、定期報告は更新手続ではないため、再生医療等の提供を継続しない場合でも（原則として）それまでの実施状況について定期報告が必要となります。

●再生医療等安全性確保法

(認定再生医療等委員会への定期報告)

第20条　再生医療等提供機関の管理者は、<u>再生医療等提供計画に記載された再生医療等の提供の状況について</u>、厚生労働省令で定めるところにより、<u>定期的に</u>、<u>再生医療等提供計画に記載された認定再生医療等委員会に報告</u>しなければならない。

2　前項の場合において、認定再生医療等委員会が意見を述べたときは、再生医療等提供機関の管理者は、当該意見を尊重して必要な措置をとらなければならない。

(厚生労働大臣への定期報告)

第21条　再生医療等提供機関の管理者は、<u>再生医療等提供計画に記載された再生医療等の提供の状況について</u>、厚生労働省令で定めるところにより、<u>定期的に</u>、<u>厚生労働大臣に報告</u>しなければならない。

2　厚生労働大臣は、前項の規定による報告を取りまとめ、その概要を公表しなければならない。

(下線は著者)

●省令

(認定再生医療等委員会への定期報告)

第37条　法第20条第1項の規定に基づき、提供機関管理者は、再生医療等の提供の状況について、再生医療等提供計画に記載された再生医療等技術ごとに、次に掲げる事項について、当該再生医療等提供計画に記載された認定再生医療等委員会に報告しなければならない。

一　当該再生医療等を受けた者の数

二　当該再生医療等に係る疾病等の発生状況及びその後の経過

三　当該再生医療等の安全性及び科学的妥当性についての評価

四　当該再生医療等に対する第8条の8第1項各号に規定する関与に関する事項

五　当該再生医療等に係るこの省令又は再生医療等提供計画に対する不適合の発生状況及びその後の対応

2　前項の報告には、第27条第8項各号に掲げる書類（認定再生医療等委員会が最新のものを有していないものに限る。）を添付しなければならない。

3　第1項の報告は、<u>再生医療等提供計画を厚生労働大臣に提出した日から起算して、1年ごとに、当該期間満了後90日以内に</u>行わなければならない。

4　認定再生医療等委員会は、第1項の報告を受けた場合には、当該再生医療等の継続の適否について、意見を述べなければならない。

5　前四項の規定は、再生医療等を多施設共同研究として行う場合について準用する。この場合において、第1項中「提供機関管理者」とあるのは「代表管理者」と、第2項中「前項」とあるのは「第5項において準用する前項」と、前2項中「第1項」とあるのは「第5項において準用する第1項」と読み替えるものとする。

（厚生労働大臣への定期報告）

第38条　法第21条第1項の規定に基づき、提供機関管理者は、再生医療等の提供の状況について、再生医療等提供計画に記載された再生医療等技術ごとに、当該再生医療等提供計画に記載されている認定再生医療等委員会の名称、当該認定再生医療等委員会による当該再生医療等の継続の適否に係る意見及び前条第1項第1号に掲げる事項について、厚生労働大臣に報告しなければならない。

2　前項の報告には、第27条第8項各号に掲げる書類（厚生労働大臣が最新のものを有していないものに限る。）を添付しなければならない。

3　提供機関管理者は、第1項の報告の際には、<u>前条第1項の報告に対し当該認定再生医療等委員会が意見を述べた場合には、当該意見を添えなければならない。</u>

4　第1項の報告は、<u>再生医療等提供計画を厚生労働大臣に提出した日から起算して、1年ごとに、当該期間満了後90日以内に行わなければならない。</u>

5　前四項の規定は、再生医療等を多施設共同研究として行う場合について準用する。この場合において、第1項及び第3項中「提供機関管理者」とあるのは「代表管理者」と、第2項中「前項」とあるのは「第5項において準用する前項」と、第3項中「第1項の報告の際」とあるのは「第5項において準用する第1項の報告の際」と、「前条第1項」とあるのは「前条第5項において準用する同条第1項」と、前項中「第1項」とあるのは「第5項において準用する第1項」と読み替えるものとする。

（下線は著者）

3 疾病などの報告

　再生医療等の提供に起因するものと疑われる疾病などが発生した場合は、定期報告とは別に疾病などの報告が必要となります。

　報告期限や報告対象は疾病等の重篤さによって分けられているため、万が一疾病などが発生してしまった場合は、省令第35条および第36条を確認のうえ報告を行う必要があります。

　なお、通常の再生医療等の提供によって発生が想定され、自然に治るような場合は疾病などの報告の対象にはなりません。例として、注射により特定細胞加工物を投与した際に注射部位が腫れたり赤くなったりした場合で、数日で治るような場合は報告は不要です。

●再生医療等安全性確保法

（認定再生医療等委員会への疾病等の報告）

第17条　再生医療等提供機関の管理者は、再生医療等提供計画に

記載された再生医療等の提供に起因するものと疑われる疾病、障害若しくは死亡又は感染症の発生を知ったときは、厚生労働省令で定めるところにより、その旨を再生医療等提供計画に記載された認定再生医療等委員会に報告しなければならない。

2　前項の場合において、認定再生医療等委員会が意見を述べたときは、再生医療等提供機関の管理者は、当該意見を尊重して必要な措置をとらなければならない。

（厚生労働大臣への疾病等の報告）

第18条　再生医療等提供機関の管理者は、再生医療等提供計画に記載された再生医療等の提供に起因するものと疑われる疾病、障害若しくは死亡又は感染症の発生に関する事項で厚生労働省令で定めるものを知ったときは、厚生労働省令で定めるところにより、その旨を厚生労働大臣に報告しなければならない。

●省令

（認定再生医療等委員会への疾病等の報告）

第35条　提供機関管理者は、再生医療等提供計画に記載された再生医療等の提供について、次に掲げる事項を知ったときは、それぞれ当該各号に定める期間内に当該事項を、再生医療等提供計画に記載された認定再生医療等委員会に報告しなければならない。

一　次に掲げる疾病等の発生のうち、当該再生医療等の提供によるものと疑われるもの又は当該再生医療等の提供によるものと疑われる感染症によるもの　7日

　イ　死亡

　ロ　死亡につながるおそれのある症例

二　次に掲げる疾病等の発生のうち、当該再生医療等の提供によるものと疑われるもの又は当該再生医療等の提供によるものと疑われる感染症によるもの　15日

　イ　治療のために医療機関への入院又は入院期間の延長が必要とされる症例

　ロ　障害

　　ハ　障害につながるおそれのある症例
　　ニ　重篤である症例
　　ホ　後世代における先天性の疾病又は異常
　三　再生医療等の提供によるものと疑われる又は当該再生医療等
　　の提供によるものと疑われる感染症による疾病等の発生（前二
　　号に掲げるものを除く。）　再生医療等提供計画を厚生労働大臣
　　に提出した日から起算して60日ごとに当該期間満了後10日
　　以内
2　前項（次条第2項において読み替えて準用する場合を含む。）
　の規定は、再生医療等を多施設共同研究として行う場合について
　準用する。この場合において、同項中「提供機関管理者」とある
　のは、「代表管理者」と読み替えるものとする。

（厚生労働大臣への疾病等の報告）
第36条　法第18条の厚生労働省令で定める事項は、前条第1項
　　第1号及び第2号に掲げる事項とする。
2　前条（第1項第3号を除く。）の規定は、法第18条の規定に
　よる厚生労働大臣への報告について準用する。この場合において、
　前条第1項中「再生医療等提供計画に記載された認定再生医療等
　委員会」とあるのは「厚生労働大臣」と読み替えるものとする。

4 再生医療等提供の中止・終了

　再生医療等の提供を中止、終了する場合は、委員会への通知および厚生労働省または地方厚生局への届出が必要となります。

　中止、終了の際は委員会に通知することになっていますが、委員会の審査を受ける必要はありません。しかしながら、前回の定期報告以降で中止するまでの間に再生医療等を提供していた場合は、前回の報告から中止までの実施状況についての報告が必要と

なります。そのため、実務上は再生医療等の提供を行わなくなった時点で中止届を提出し、その後に定期報告と終了届を提出するという流れになります。

●再生医療等安全性確保法

（再生医療等の提供の中止）

第6条　再生医療等提供機関（第4条第1項又は前条第1項の規定により提出された再生医療等提供計画に係る病院又は診療所をいう。以下同じ。）の管理者は、再生医療等提供計画に記載された再生医療等の提供を中止したときは、厚生労働省令で定めるところにより、その中止の日から10日以内に、その旨を、再生医療等提供計画に記載された認定再生医療等委員会に通知するとともに、厚生労働大臣に届け出なければならない。

（下線は著者）

●省令

（再生医療等の提供の中止の届出）

第31条　法第6条の規定による届出は、様式第4による届書を提出して行うものとする。

2　法第6条の規定による通知及び前項の規定による届出は、多施設共同研究として再生医療等を行っている場合にあっては、代表管理者が行うものとする。

（再生医療等の提供の終了）

第31条の2　提供機関管理者は、再生医療等提供計画に記載された再生医療等（研究として行われる場合を除く。）の提供を終了したときは、遅滞なく、その旨を、再生医療等提供計画に記載された認定再生医療等委員会に通知するとともに、厚生労働大臣に届け出なければならない。

課長通知　Ⅴ（17）省令31条の2関係（一部抜粋）

　① 終了の届出は、別紙様式第9の2を提出して行うものとすること。

第7章

再生医療等提供計画提出以外の手続き

第7章では、再生医療等提供計画提出以外で、再生医療等を提供する医療機関において必要となる可能性のある手続きについて解説します。

① 特定細胞加工物製造届

　特定細胞加工物を医療機関内で製造する場合は、「特定細胞加工物製造届」の地方厚生局への提出が必要となります。特定細胞加工物製造届の提出については、多血小板血漿を院内で作製するケースが主流でしたが、近年では医療機関内に細胞培養施設を設置して脂肪由来幹細胞などの培養を行うケースも増えています。

●再生医療等安全性確保法

（特定細胞加工物の製造の届出）

第40条　細胞培養加工施設（病院若しくは診療所に設置されるもの、医薬品医療機器等法第23条の22第1項の許可（厚生労働省令で定める区分に該当するものに限る。）を受けた製造所に該当するもの又は移植に用いる造血幹細胞の適切な提供の推進に関する法律第30条第1項の臍帯血供給事業の許可を受けた者が臍帯血供給事業の用に供するものに限る。以下この条において同じ。）において特定細胞加工物の製造をしようとする者は、厚生労働省令で定めるところにより、細胞培養加工施設ごとに、次に掲げる事項を厚生労働大臣に届け出なければならない。

　一　氏名又は名称及び住所並びに法人にあっては、その代表者の氏名

　二　細胞培養加工施設の管理者の氏名及び略歴

　三　製造をしようとする特定細胞加工物の種類

　四　その他厚生労働省令で定める事項

2　前項の規定による届出には、当該届出に係る細胞培養加工施設の構造設備に関する書類その他厚生労働省令で定める書類を添付しなければならない。

3　第1項の規定による届出をした者は、当該届出に係る細胞培養加工施設について構造設備その他厚生労働省令で定める事項を変

更したときは、30日以内に、その旨を厚生労働大臣に届け出な
ければならない。

●省令

（特定細胞加工物の製造の届出）

第85条　法第40条第1項の規定による届出は、様式第27によ
る届書を提出して行うものとする。

2　法第40条第1項の厚生労働省令で定める区分は、医薬品医療
機器等法施行規則第137条の8第1号に規定する区分とする。

3　法第40条第1項第4号の厚生労働省令で定める事項は、次に
掲げる事項とする。

一　届出をする者の区分

二　細胞培養加工施設の名称及び所在地

三　届出をする者が法人である場合は、その業務を行う役員の氏
名

四　届出をする者（届出をする者が法人である場合には、その業
務を行う役員を含む。）の停止事由に係る事項

五　届出をする者の連絡先

4　法第40条第2項の厚生労働省令で定める書類は、次に掲げる
書類とする。

一　届出をする者が法人であるときは、登記事項証明書

二　製造をしようとする特定細胞加工物の一覧表

三　届出をする者が医薬品医療機器等法第23条の22第1項の
許可（医薬品医療機器等法施行規則第137条の8第1号に規
定する区分に該当するものに限る。）を受けている場合にあっ
ては、当該許可証の写し

四　届出をする者が移植に用いる造血幹細胞の適切な提供の推進
に関する法律（平成24年法律第90号）第30条の臍帯血供
給事業の許可を受けている場合にあっては、当該許可証の写し

（1）特定細胞加工物製造届の手続方法（新規届出）

　特定細胞加工物製造届の作成、提出も e- 再生医療を用いて行います。再生医療等提供計画とは異なり届出書と添付書類の記載事項の重複はほとんどありませんが、届出書を作成する、e- 再生医療に添付書類をアップロードするという仕様上、添付書類を作成してから特定細胞加工物製造届を作成することを推奨します。

①　添付書類の作成

　　特定細胞加工物製造届の添付書類は、以下のとおりです。

　　なお、ア～オまでの図面、フロー図は 1 つずつ作成する必要はなく、1 つのファイルにまとめて作成しても問題ありません。

ア　細胞培養加工施設付近略図

イ　細胞培養加工施設の敷地内の建物の配置図又は建物の平面図

ウ　細胞培養加工施設平面図

エ　主要な製造用機器器具と試験用機器器具の配置を含む図面

オ　製造しようとする特定細胞加工物の製造工程のフロー図

カ　登記事項証明書（法人の場合のみ）

キ　許可証の写し（該当する場合のみ）

ク　細胞培養加工施設の構造設備チェックリスト

ケ　細胞培養加工施設（届出）の情報の公表に関する同意書

　　以下、「記載要領　別紙 3 」 Ⅱ　特定細胞加工物製造届書の記載要領等（様式第 27）を参考に解説します。

記載要領　「添付資料」について

(1) 細胞培養加工施設の構造設備に関する書類
　　細胞培養加工施設の構造設備に関する書類には次の図面を含めること。

　イ　細胞培養加工施設付近略図

　　　周囲の状況が分かるものであること。例えば、航空写真が挙げられる。

　ロ　細胞培養加工施設の敷地内の建物の配置図又は建物の平面図

　　　細胞培養加工施設と同一敷地内にある建物を全て記載するものであるが、例えば、建物の一部を細胞培養加工施設として用いる場合、当該建物のフロアのどの位置に細胞培養加工施設が所在しているかを示す図面は必要であるが、細胞培養加工施設と関連のない部分の詳細な図面は含めなくても差し支えない。また例えば、建物の一部を占める診療所内に細胞培養加工施設を設置する場合は、当該建物中にある診療所と関連のない部分の図面は含めなくても差し支えない。

　ハ　細胞培養加工施設平面図

　　　製造工程に必要な室名及び面積が識別できるものであること。例えば、表示例として、窓、出入口、事務室、秤量室、調製室（混合、溶解、ろ過等）、充てん室、閉そく室、包装室、試験検査室、原料等の倉庫等製造工程に必要な室名を表示すること。また清浄度管理区域及び無菌操作等区域を図示すること。

　ニ　その他参考となる図面

　　　その他参考となる図面としては、主要な製造用機器器具と試験用機器器具の配置を含む図面が挙げられる。また、製造しようとする特定細胞加工物の製造工程のフロー図を含めること。他に厚生局で指示する書類として、例えば、病院の開設届に係る平面図、医薬品医療機器等法第 23 条の 22 第 1 項の許可を受けた製造所に係る平面図が挙げられる。

（2）登記事項証明書

　　法人の場合、法人の履歴事項全部証明書又は現在事項全部証明書を提出すること。

(3) 許可証の写し

　医薬品医療機器法第 23 条の 22 第 1 項の許可又は移植に用いる造血幹細胞の適切な提供の推進に関する法律（平成 24 年法律第 90 号）第 30 条の許可を受けている場合は、添付すること。

(4) その他

　細胞培養加工施設（届出）の情報の公表に関する同意書に記名し添付すること。

ア　細胞培養加工施設付近略図

　航空写真やインターネット上で公開されている地図など、周囲の状況がわかる略図を作成します。具体的には**図表７－1**のようになります。

図表７－1　付近略図

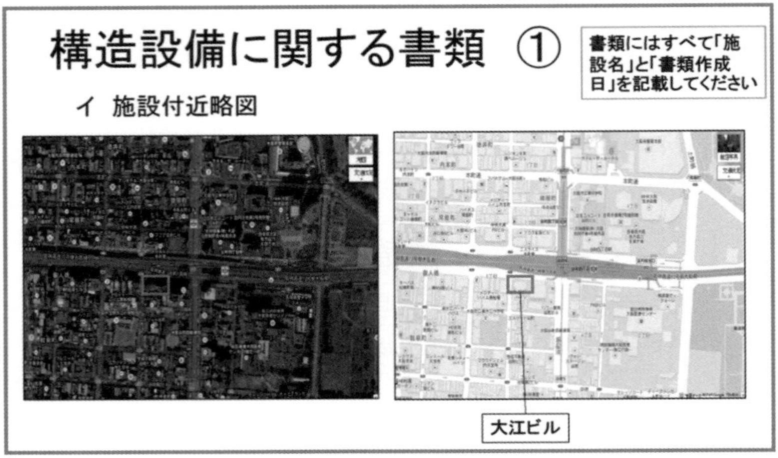

構造設備に関する書類　①

書類にはすべて「施設名」と「書類作成日」を記載してください

イ　施設付近略図

大江ビル

（近畿厚生局説明資料）

イ　細胞培養加工施設の敷地内の建物の配置図又は建物の平面図

　　図表７－２のように敷地内の建物の配置図を作成します。

図表７－２　敷地内の建物配置図

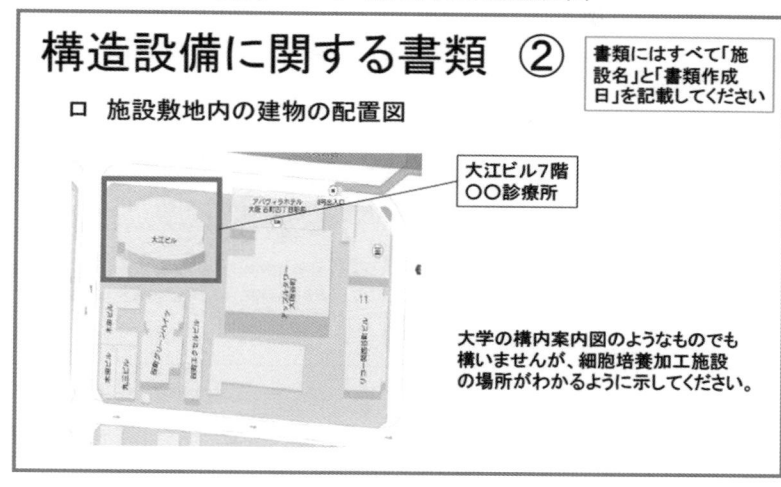

（近畿厚生局説明資料）

ウ　細胞培養加工施設平面図

エ　主要な製造用機器器具と試験用機器器具の配置を含む図面

　　ウ・エの２つの図面については、１つにまとめて作成する

のがやりやすいかと思われます。**図表７－３、７－４**のよう

に、平面図に細胞培養加工施設（加工を行う部屋など）、清

浄度管理区域、無菌操作等区域（クリーンベンチや安全キャ

ビネットなど）、面積、器具の配置（メーカー、型番を含む）

などを記入します。

図表7－3　施設平面図

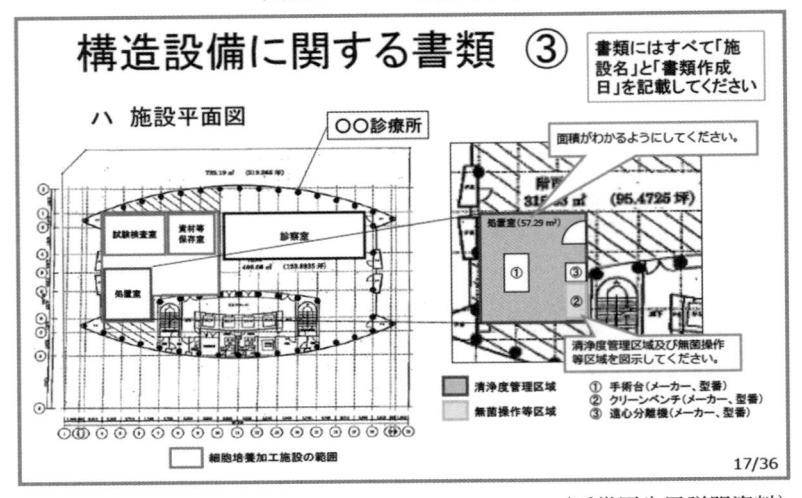

図表7－4　設備器具の配置図

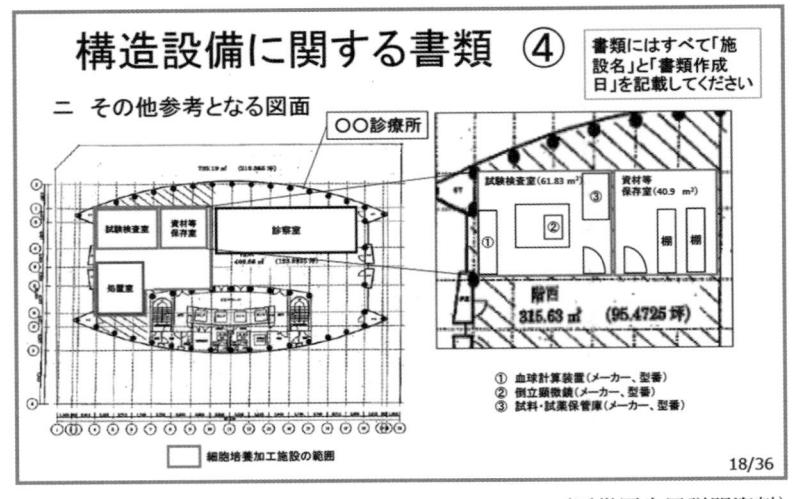

　オ　製造しようとする特定細胞加工物の製造工程のフロー図
　　　製造しようとする特定細胞加工物の製造工程を図や画像を

用いてフロー図で示します。

カ　登記事項証明書（法人の場合のみ）

　　法人（医療法人、一般社団法人など）が開設する医療機関の場合は、登記事項証明書を取得して添付します。登記簿謄本は法務局にて入手することができます。

キ　許可証の写し（該当する場合のみ）

　　医療機関内で製造を行う場合は不要です。

ク　細胞培養加工施設の構造設備チェックリスト

　　e-再生医療の「当サイトについて」から構造設備チェックリストをダウンロードし、細胞培養加工施設の名称、記入年月日を記入してチェックリストにチェックを入れて作成します。

ケ　細胞培養加工施設（届出）の情報の公表に関する同意書

　　e-再生医療の「当サイトについて」から情報の公表に関する同意書をダウンロードして作成します。情報の公表に関する同意書には公表事項が列記されているため、公表に同意しない項目を二重線で消し、日付、氏名、住所、受付番号を記載します。受付番号は特定細胞加工物製造届（様式27）をe-再生医療の申請システム上で作成した際に発行されるため、発行後に記載することになります。

　　なお、情報の公表の可否は以下の省令で定める事項以外は任意となっており、公表に同意しないことによる不利益などもありません。

② **特定細胞加工物製造届（様式27）の作成**

　　特定細胞加工物製造届（様式27）の作成は、e-再生医療の申請システムを用いて行います。基本的な操作方法は、**第5章 2**（3）の再生医療等提供計画の作成と同様となりますので、操作方法などはそちらをご参照ください。

第7章　再生医療等提供計画提出以外の手続き

特定細胞加工物製造届の記載事項は、以下のとおりです。

ア　提出日

　　提出日を選択します。

イ　事業者の住所

　　個人開設の場合は医療機関の住所、法人開設の場合は法人の主たる事務所の所在地を記載します。

ウ　事業者の氏名

　　個人開設の場合は医療機関名と管理者の氏名、法人開設の場合は名称と代表者（理事長など）の氏名を記載します。法人の場合は登記事項証明書の記載通りに記載する必要があります。

エ　届出をする者の区分

　　該当する区分を選択します。

記載要領　「1　細胞培養加工施設及びその内容」欄について

(1)「届出をする者の区分」について

　　「病院に設置されるもの」、「診療所に設置されるもの」、「医薬品医療機器法第 23 条の 22 第 1 項の許可を受けた製造所」、「移植に用いる造血幹細胞の適切な提供の推進に関する法律第 30 条の臍帯血供給事業の許可を受けた者であって、臍帯血供給事業の用に供するもの」のいずれかをチェックすること。

オ　細胞培養加工施設の名称

　　医療機関名に部屋名を付記したものを名称として記載します。

カ　細胞培養加工施設の所在地

　　所在地を細胞の加工を行う場所がある階数を含めて記載します。

記載要領　「1　細胞培養加工施設及びその内容」欄について

(2)「細胞培養加工施設の名称」、「細胞培養加工施設の所在地」欄について

　　　病院又は診療所の手術室等を細胞培養加工施設とする場合は、例えば、医療機関名に手術室を付記すること。細胞培養加工施設の所在地は、例えば、建物の一部を細胞培養加工施設として用いる場合は、細胞培養加工施設のある階数まで記載すること。

　キ　施設管理者に関する事項

　　　施設管理者の氏名、略歴（学歴、職歴、資格など）を記載します。

　　　医療機関内で製造する場合は、再生医療等を実施する医師または歯科医師のうち1名が施設管理者となることが多いと思われます。

記載要領　「1　細胞培養加工施設及びその内容」欄について

(3)「施設管理者に関する事項」欄について

　　　施設管理者の略歴については、医師又は歯科医師の場合は、それを示す資格及び略歴を簡潔に記載すること。それ以外の場合は、特定細胞加工物に係る生物学的知識を有することを示す職歴、実務経験、管理経験、取得資格、著書、研究実績等を記載すること。

　ク　業務を行う役員の氏名（法人の場合）

　　　法人の場合、役員の氏名を記載します。医療法人の場合は特定細胞加工物の製造に係る業務を担当する理事全員を記載します。

記載要領　「1　細胞培養加工施設及びその内容」欄について

(4)「業務を行う役員の氏名（法人の場合）」欄について

　・合名会社にあっては、定款に別段の定めがないときは社員全員

　・合資会社にあっては、定款に別段の定めがないときは無限責任社員全員

　・合同会社にあっては、定款に別段の定めがないときは社員全員

第7章　再生医療等提供計画提出以外の手続き

・株式会社（特例有限会社を含む。）にあっては、会社を代表する取締役及び特定細胞加工物の製造の届出に係る業務を担当する取締役。ただし、委員会設置会社にあっては、代表執行役及び特定細胞加工物の製造の届出に係る業務を担当する執行役。
・外国会社にあっては、会社法第 817 条にいう代表者
・医療法人・公益法人・協同組合等（学校法人、独立行政法人等を含む）にあっては、理事全員。ただし、特定細胞加工物の製造に係る業務を担当しない理事を除く。

ケ　届出をする者（法人にあっては、その業務を行う役員を含む）の停止事由

　　この停止事由に該当する場合は、特定細胞加工物製造届を提出することができないため、基本的には 3 つの欄すべてに「無」と記載することになります。過去に違反したことがあり、停止事由に定められた期間を過ぎている場合は違反の事実及び違反した年月日を記載します。

記載要領　「1　細胞培養加工施設及びその内容」欄について

(5)「届出をする者（法人にあっては、その業務を行う役員を含む。）の停止事由」欄について

　　「関係法令又はこれに基づく処分に違反したこと」欄に該当する関係法令には、「移植に用いる造血幹細胞の適切な提供の推進に関する法律」（平成 24 年法律第 90 号）若しくは医薬品医療機器法、その他薬事に関する法令で再生医療等の安全性の確保等に関する法律施行令第 3 条の各号に定める法令（「大麻取締法」（昭和 23 年法律第 124 号）、「毒劇及び劇物取締法」（昭和 25 年法律第 303 号）等）が挙げられること。

コ　製造しようとする特定細胞加工物の種類

　　人、動物どちらの細胞を加工した特定細胞加工物を製造するかを選択します（本書執筆時点では基本的に、「人の細胞

に培養その他の加工を施した特定細胞加工物」を選択することになる）。

記載要領 「1　細胞培養加工施設及びその内容」欄について

(6)「製造しようとする特定細胞加工物の種類」欄について

　　特定細胞加工物の製造に使用する細胞に応じて、該当する項目をチェックすること。

　　「動物の細胞に培養その他の加工を施した特定細胞加工物」とは、動物の細胞を構成細胞として含む特定細胞加工物が該当し、加工の過程で動物の細胞を共培養する目的で用いる場合は、この限りではない。

　サ　届出をする者の連絡先

　　担当部署、電話番号、FAX 番号（任意）、電子メールアドレスを記載します。

　　地方厚生局からの連絡は担当部署宛に行われるため、連絡を受け付けることのできる連絡先を記載する必要があります。

③　特定細胞加工物製造届の提出

　第 5 章 **2**（3）の再生医療等提供計画の作成と同様の手順で添付書類をアップロードし、特定細胞加工物製造届を提出します。提出後の処理状況の確認の方法なども、**第 5 章 2**（3）の再生医療等提供計画の作成と同様になります。

（2）特定細胞加工物製造届提出後の手続き

　特定細胞加工物製造届の提出後には、変更が生じた場合の変更届や年 1 回の定期報告の提出が必要となります。

①　変更届

　特定細胞加工物の製造について、以下の事項を変更する場合

は変更後 30 日以内に変更届の提出が必要となります。

- ・構造設備
- ・氏名または名称及び住所ならびに法人にあっては、その代表者の氏名
- ・届出事業者の区分
- ・細胞培養加工施設の名称及び所在地
- ・施設管理者の氏名
- ・届出事業者が法人である場合は、その業務を行う役員の氏名
- ・届出事業者（届出事業者が法人である場合は、その業務を行う役員を含む）の停止事由に関する事項
- ・製造をしようとする特定細胞加工物の種類
- ・届出事業者の連絡先

●再生医療等安全性確保法

（特定細胞加工物の製造の届出）

第 40 条　（一部抜粋）

3　第 1 項の規定による届出をした者は、当該届出に係る細胞培養加工施設について構造設備その他厚生労働省令で定める事項を変更したときは、30 日以内に、その旨を厚生労働大臣に届け出なければならない。

●省令

（届出事業者の届出を要する変更の範囲）

第 86 条　法第 40 条第 3 項の厚生労働省令で定める事項は、次に掲げる事項とする。

- 一　法第 40 条第 1 項の規定による届出をした者（以下「届出事業者」という。）の氏名又は名称及び住所並びに法人にあっては、その代表者の氏名
- 二　届出事業者の区分
- 三　細胞培養加工施設の名称及び所在地
- 四　施設管理者の氏名

　五　届出事業者が法人である場合は、その業務を行う役員の氏名

　六　届出事業者（届出事業者が法人である場合は、その業務を行う役員を含む。）の停止事由に関する事項

　七　製造をしようとする特定細胞加工物の種類

　八　届出事業者の連絡先

（届出事業者の届出を要する変更の範囲）

第87条　法第40条第3項の規定による届出は、様式第28による届書を提出して行うものとする。

　なお、ここに列記した事項以外の変更については、変更届の提出は不要です。

②　定期報告

　特定細胞加工物製造事業者は年1回の定期報告が必要となります。

　定期報告は「届出をした日から起算して、1年ごとに、当該期間満了後60日以内」に行う必要があります。例えば2024年1月1日に特定細胞加工物製造届が受理された場合は、毎年1月1日から12月31日までの製造状況を翌年の1月1日から60日以内に報告する必要があります。

　注意点として、定期報告であって更新手続ではないため、特定細胞加工物の製造を継続しない場合でも（原則として）それまでの製造状況について定期報告が必要となります。

●再生医療等安全性確保法

（厚生労働大臣への定期報告）

第46条　特定細胞加工物製造事業者は、特定細胞加工物の製造の状況について、厚生労働省令で定めるところにより、定期的に、厚生労働大臣に報告しなければならない。

第7章　再生医療等提供計画提出以外の手続き

●省令

（下線は著者）

③　廃止手続

　　特定細胞加工物の製造を廃止する場合は、30日以内に地方
厚生局に廃止届の提出が必要となります。

　　前回の定期報告以降で、廃止するまでの間に特定細胞加工物
をしていた場合は、前回の報告から廃止までの製造状況につい
ての報告が必要となります。そのため、実務上は定期報告と廃
止届をあわせて提出するという形になります。

●再生医療等安全性確保法

●省令

（廃止の届出）
第88条　法第41条の規定による届出は、様式第29による届書
　　を提出して行うものとする。

2 再生医療等委員会認定申請

　再生医療等提供計画を地方厚生局に提出する前に、委員会の審
査を受ける必要がありますが、医療機関の開設者は委員会を設置
できる者に含まれているため、自ら委員会を設置し、その委員会
の審査を受けることも可能です。

●医療再生等安全性確保法

（再生医療等委員会の認定）
第26条　再生医療等に関して識見を有する者から構成される委員
　　会であって、次に掲げる業務（以下「審査等業務」という。）を
　　行うもの（以下この条において「再生医療等委員会」という。）
　　を設置する者（病院若しくは診療所の開設者又は医学医術に関す
　　る学術団体その他の厚生労働省令で定める団体（法人でない団体
　　にあっては、代表者又は管理人の定めのあるものに限る。）に限
　　る。）は、その設置する再生医療等委員会が第4項各号に掲げる
　　要件（当該再生医療等委員会が第三種再生医療等提供計画（第三
　　種再生医療等に係る再生医療等提供計画をいう。以下同じ。）の
　　みに係る審査等業務を行う場合にあっては、同項第1号（第三種
　　再生医療等提供計画に係る部分を除く。）に掲げる要件を除く。）
　　に適合していることについて、厚生労働大臣の認定を受けなけれ
　　ばならない。

（下線は著者）

実際のところは、既に数多くの委員会が設置されており、**第4章7**で説明したポイントを押さえておけば、審査依頼する委員会を見つけることは難しくないため、自院の再生医療等提供計画の審査を受けるためだけに委員会を設置するメリットは少ないと考えられ、認定申請やそれに至るまでの準備、設置後の労力も考えると推奨はしません。

そのため、再生医療等委員会認定申請については概要の説明に留めます。

（1）申請書記載事項及び添付書類

再生医療等委員会認定申請の記載事項は、再生医療等安全性確保法第 26 条第 2 項、及び省令第 43 条に規定されています。

●再生医療等安全性確保法

（再生医療等委員会の認定）　〈一部抜粋〉

第 26 条

2　前項の認定を受けようとする者は、厚生労働省令で定めるところにより、次に掲げる事項を記載した申請書を厚生労働大臣に提出しなければならない。

一　氏名又は名称及び住所並びに法人にあっては、その代表者（法人でない団体で代表者又は管理人の定めのあるものにあっては、その代表者又は管理人）の氏名

二　当該再生医療等委員会の名称

三　当該再生医療等委員会の委員の氏名及び職業

四　当該再生医療等委員会が第三種再生医療等提供計画のみに係る審査等業務を行う場合にあっては、その旨

五　審査等業務を行う体制に関する事項

六　審査等業務に関し手数料を徴収する場合にあっては、当該手数料の算定の基準

七　その他厚生労働省令で定める事項

3　前項の申請書には、次に掲げる書類を添付しなければならない。

一　当該再生医療等委員会の委員の略歴を記載した書類

二　当該再生医療等委員会の審査等業務に関する規程

三　その他厚生労働省令で定める書類

●省令

（再生医療等委員会の認定の申請）

第43条　法第26条第2項の規定による申請は、様式第5による申請書を提出して行うものとする。

2　法第26条第2項第7号（法第27条第3項及び第28条第6項において準用する場合を含む。）の厚生労働省令で定める事項は、再生医療等委員会の所在地及び再生医療等委員会の連絡先とする。

3　法第26条第3項第3号（法第27条第3項及び第28条第6項において準用する場合を含む。）の厚生労働省令で定める書類は、次に掲げる場合に応じ、それぞれ当該各号に定める書類とする。

一　前条第1項第1号から第3号までに掲げる団体が第1項の申請をしようとする場合

イ　再生医療等委員会を設置する者に関する証明書類

ロ　再生医療等委員会を設置する者が再生医療等委員会を設置する旨を定めた定款その他これに準ずるもの

ハ　前条第2項第2号及び第3号の要件を満たすことを証明する書類

ニ　財産的基礎を有していることを証明する書類

二　医療機関の開設者又は前条第1項第4号から第7号までに掲げる団体が第1項の申請をしようとする場合　再生医療等委員会を設置する者に関する証明書類

第7章　再生医療等提供計画提出以外の手続き

（2）認定の要件

　委員会の認定の要件は、再生医療等安全性確保法第 26 条第 4 項及び省令第 44 条から第 49 条に規定されています。

　特に、委員の構成要件（法 26 ④一）、構成基準（法 26 ④二）が重要となり、これを満たすことができる委員を集めることさえできれば設置は可能かと思われます。

● 再生医療等安全性確保法

（再生医療等委員会の認定）〈一部抜粋〉

第 26 条

4　厚生労働大臣は、第 1 項の認定の申請があった場合において、その申請に係る再生医療等委員会が次に掲げる要件（当該再生医療等委員会が第三種再生医療等提供計画のみに係る審査等業務を行う場合にあっては、第 1 号（第三種再生医療等提供計画に係る部分を除く。）に掲げる要件を除く。）に適合すると認めるときは、その認定をするものとする。

一　第一種再生医療等提供計画、第二種再生医療等提供計画及び第三種再生医療等提供計画について、第一種再生医療等、第二種再生医療等及び第三種再生医療等のそれぞれの再生医療等提供基準に照らして審査等業務を適切に実施する能力を有する者として医学又は法律学の専門家その他の厚生労働省令で定める者から構成されるものであること。

二　その委員の構成が、審査等業務の公正な実施に支障を及ぼすおそれがないものとして厚生労働省令で定める基準に適合すること。

三　審査等業務の実施の方法、審査等業務に関して知り得た情報の管理及び秘密の保持の方法その他の審査等業務を適切に実施するための体制が整備されていること。

四　審査等業務に関し手数料を徴収する場合にあっては、当該手数料の算定の基準が審査等業務に要する費用に照らし、合理的

なものとして厚生労働省令で定める基準に適合するものであること。

五　前各号に掲げるもののほか、審査等業務の適切な実施のために必要なものとして厚生労働省令で定める基準に適合するものであること。

●省令

（第一種再生医療等提供計画又は第二種再生医療等提供計画に係る審査等業務を行う再生医療等委員会の委員の構成要件）

第44条　第一種再生医療等提供計画（法第7条に規定する第一種再生医療等提供計画をいう。以下同じ。）又は第二種再生医療等提供計画（法第11条に規定する第二種再生医療等提供計画をいう。以下同じ。）に係る審査等業務を行う再生医療等委員会の法第26条第4項第1号の厚生労働省令で定める者は、次に掲げる者とする。ただし、各号に掲げる者は当該各号以外に掲げる者を兼ねることができない。

一　分子生物学、細胞生物学、遺伝学、臨床薬理学又は病理学の専門家

二　再生医療等について十分な科学的知見及び医療上の識見を有する者

三　臨床医（現に診療に従事している医師又は歯科医師をいう。以下同じ。）

四　細胞培養加工に関する識見を有する者

五　医学又は医療分野における人権の尊重に関して理解のある法律に関する専門家

六　生命倫理に関する識見を有する者

七　生物統計その他の臨床研究に関する識見を有する者

八　第1号から前号までに掲げる者以外の一般の立場の者

（第三種再生医療等提供計画のみに係る審査等業務を行う再生医療等委員会の委員の構成要件）

第45条　第三種再生医療等提供計画（法第26条第1項に規定す

る第三種再生医療等提供計画をいう。以下同じ。）のみに係る審査等業務を行う再生医療等委員会の法第26条第4項第1号の厚生労働省令で定める者は、次に掲げる者とする。ただし、各号に掲げる者は当該各号以外に掲げる者を兼ねることができない。

一　再生医療等について十分な科学的知見及び医療上の識見を有する者を含む2名以上の医学又は医療の専門家（ただし、所属機関が同一でない者が含まれ、かつ、少なくとも1名は医師又は歯科医師であること。）

二　医学又は医療分野における人権の尊重に関して理解のある法律に関する専門家又は生命倫理に関する識見を有する者

三　前二号に掲げる者以外の一般の立場の者

（第一種再生医療等提供計画又は第二種再生医療等提供計画に係る審査等業務を行う再生医療等委員会の委員の構成基準）

第46条　第一種再生医療等提供計画又は第二種再生医療等提供計画に係る審査等業務を行う再生医療等委員会の法第26条第4項第2号の厚生労働省令で定める基準は、次のとおりとする。

一　男性及び女性がそれぞれ2名以上含まれていること。

二　再生医療等委員会を設置する者と利害関係を有しない者が2名以上含まれていること。

三　同一の医療機関（当該医療機関と密接な関係を有するものを含む。）に所属している者が半数未満であること。

（第三種再生医療等提供計画のみに係る審査等業務を行う再生医療等委員会の委員の構成基準）

第47条　第三種再生医療等提供計画のみに係る審査等業務を行う再生医療等委員会の法第26条第4項第2号の厚生労働省令で定める基準は、次のとおりとする。

一　委員が5名以上であること。

二　男性及び女性がそれぞれ1名以上含まれていること。

三　再生医療等委員会を設置する者と利害関係を有しない者が2

名以上含まれていること。

四　同一の医療機関（当該医療機関と密接な関係を有するものを含む。）に所属している者が半数未満であること。

（手数料の算定の基準）

第48条　法第26条第4項第4号の厚生労働省令で定める基準は、再生医療等委員会が、審査等業務に関して徴収する手数料の額を、委員への報酬の支払等、当該再生医療等委員会の健全な運営に必要な経費を賄うために必要な範囲内とし、かつ、公平なものとなるよう定めていることとする。

（審査等業務の適切な実施のために必要な基準）

第49条　法第26条第4項第5号の厚生労働省令で定める基準は、次のとおりとする。

一　再生医療等委員会に、委員長を置くこと。

二　審査等業務が適正かつ公正に行えるよう、その活動の自由及び独立が保障されていること。

三　審査等業務に関する規程が定められていること。

四　審査等業務の透明性を確保するため、審査等業務に関する規程、委員名簿その他再生医療等委員会の認定に関する事項及び審査等業務の過程に関する記録に関する事項について、厚生労働省が整備するデータベースに記録することにより公表すること。ただし、第43条第1項、第51条若しくは第58条第1項に規定する申請書又は第53条若しくは第55条第1項に規定する届書に記載された事項及び当該申請書又は当該届書に添付された書類に記載された事項については、当該事項を公表したものとみなす。

五　審査等業務を継続的に実施できる体制を有すること。

六　苦情及び問合せを受け付けるための窓口を設置していること。

実務上の注意事項・よくある
トラブル事例など

第 8 章では、医療機関において再生医療等を提供するにあたっての実務上の注意事項や、よくあるトラブル事例について紹介します。

1 再生医療等提供に関する注意事項、トラブル事例

（1）地域による相違点

　第二種および第三種の再生医療等提供計画の提出先は地方厚生局長であり、提出した再生医療等提供計画の確認も地方厚生局の担当者により行われます。そして、行政手続については、「ローカルルール」と呼ばれる地域ごとの運用の違いがあるものも多いのですが、再生医療等提供計画の提出においても、管轄の地方厚生局ごとにローカルルールが存在しているのが実情です。

　再生医療等提供計画の記載内容についても、管轄の地方厚生局によって多少の違いがありますが、特に注意が必要なのは、e-再生医療によって再生医療等提供計画を提出してから形式面の確認が完了し、受理されるまでの期間が管轄の地方厚生局によって大きく異なることです。本書執筆時点では、最短で1～2日程度で受理される地域もあれば、1か月以上かかる地域もあります。

　特に複数の地域で医療機関を開設している法人や、手続きを代行する業者は注意が必要であり、地域による相違点を理解していないと手続きに遅延が生じ、予定していた時期に再生医療等の提供を開始できないということが起こってしまう場合があります。特に、受理されるまでの期間については、事前に地方厚生局に問い合わせておくことが望ましいでしょう。

（2）法人成りの際の注意事項

　個人開設の医療機関が法人成りする場合、法律上は別の医療機関となります。そのため、個人開設の医療機関として再生医療等

提供計画を提出した後に法人成りをした場合は、法人成りした後に再度再生医療等提供計画を提出する必要があります。その際に少なくとも審査手数料は再度必要となりますし、保険医療機関の指定と異なり遡及するする制度がないため、法人成りしてから再生医療等を実施できるようになるまでに空白期間が発生してしまいます。

そのため、個人開設の医療機関で近いうちに法人成りする予定がある場合は、法人成りしてから再生医療等提供計画を提出するということも選択肢となります。

（3）美容やアンチエイジング目的の再生医療等実施における注意事項

再生医療等提供基準により、再生医療等を行う際の責務として医師または歯科医師は、安全性及び妥当性について科学的文献や実験の結果などに基づいて検討しなければならないこととされています。

●省令

（再生医療等を行う際の責務）〈一部抜粋〉
第10条 医師又は歯科医師は、再生医療等を行う際には、その安全性及び妥当性について、科学的文献その他の関連する情報又は十分な実験の結果に基づき、倫理的及び科学的観点から十分検討しなければならない。

安全性及び妥当性については、委員会の審査でも重視される部分となりますので、科学的文献や十分な実験の結果がない治療法については審査の通過が難しく、再生医療等提供計画を提出して治療を実施することは困難です。

近年、美容やアンチエイジングを目的として脂肪由来幹細胞な

どを点滴投与する治療法を導入しようとする医療機関が多くなっていますが、美容やアンチエイジングを目的とした再生医療等については、科学的文献や実験結果が乏しい場合が多く、そのような目的での再生医療等提供計画の審査通過は困難であるため、注意が必要です。

（4）記録の未作成

　再生医療等提供計画を提出し、再生医療等を実施した際には、記録の作成、保存（通常は 10 年間）が義務付けられています。

●再生医療等安全性確保法

（再生医療等に関する記録及び保存）

第 16 条　医師又は歯科医師は、再生医療等を行ったときは、厚生労働省令で定めるところにより、当該再生医療等を行った日時及び場所、当該再生医療等の内容その他の厚生労働省令で定める事項に関する記録を作成しなければならない。

2　前項の記録は、再生医療等提供機関の管理者が、厚生労働省令で定めるところにより、保存しなければならない。

●省令

（再生医療等に関する記録及び保存）〈一部抜粋〉

第 34 条　法第 16 条第 1 項の記録は、再生医療等を受けた者ごとに作成しなければならない。

2　法第 16 条第 1 項の厚生労働省令で定める事項は、次の各号に掲げる場合に応じ、当該各号に掲げる事項とする。

　一　再生医療等を行う場合　次に掲げる事項

　　イ　再生医療等を受けた者の住所、氏名、性別及び生年月日

　　ロ　病名及び主要症状

　　ハ　使用した特定細胞加工物又は再生医療等製品の種類、投与方法その他の再生医療等の内容及び評価

ニ　再生医療等に用いる細胞に関する情報

ホ　特定細胞加工物の製造を委託した場合は委託先及び委託業務の内容

ヘ　再生医療等を行った年月日

ト　再生医療等を行った医師又は歯科医師の氏名

チ　イからトまでに掲げるもののほか、再生医療等を行うために必要な事項

　医療の提供にあたってカルテを作成するのは常識ですが、再生医療等の提供の際には通常のカルテには記載しないような記載事項も含まれていますので、注意が必要です。

　なお、再生医療等の提供に関する記録は、電磁的記録（データ）での作成や保存も認められていますので、紙資料として作成、保管する必要はありません。電子カルテに記録様式を取り込んで記録を作成しているというケースもあります。

（5）定期報告の未提出、期限超過

　第6章 **2** で説明したとおり、再生医療等提供計画を提出している医療機関は、「再生医療等提供計画を厚生労働大臣に提出した日から起算して、1年ごとに、当該期間満了後90日以内」に定期報告が必要です。定期報告の時期が来ると厚生局からリマインドメールが届くようになっていますが、事務担当者や連絡先のメールアドレスが変更になった際に軽微変更届を提出していないことなどによりリマインドメールが確認できず、定期報告の提出を失念している医療機関が散見されます。

　また、定期報告が必要であることは認識していても対応が遅れたり、書類不備により委員会審査に時間がかかって期間満了後90日以内という提出期限に間に合わなかったりする場合があり

ます。そのような場合でも、直ちに中止命令などの処分が行われる可能性は低いですが、できるだけ早く定期報告を行う必要があります。定期報告の提出期限が超過した場合は、遅延理由書（任意様式）の提出が必要となります。

（6）変更届、軽微変更届の未提出、期限超過

第6章❶（2）で説明したとおり、再生医療等提供計画の軽微な変更の際には、変更後10日以内に軽微変更届の提出が必要です。軽微な変更を行ったにもかかわらず、軽微変更届の提出を行っていない医療機関が多く見られます。

特に多いのは、事務担当者が変更となった場合です。人事異動が多い規模の大きな病院でよく見られるミスです。変更後10日以内に軽微変更届を提出しなければならないという法令規定の違反となってしまうのはもちろんですが、前項でも述べたとおり、リマインドメールが届かなくなることにより定期報告の提出を失念することにも繋がるため、注意が必要となります。

また、もう一つ多く見られるミスとして、変更届や軽微変更届は定期報告に合わせて提出すればよいと誤解しているケースがあります。変更届は変更前、軽微変更届は変更から10日以内に提出が必要となります。軽微変更届の期限超過については直ちに処分に繋がる可能性は低いですが、変更届を提出せずに変更した内容で再生医療等を提供してしまうと、再生医療等提供計画からの逸脱とみなされ、中止命令などの処分の対象となる可能性もありますので、注意が必要となります。

（7）経過観察方法の不備

再生医療等の実施後の経過観察が適切に行われておらず、定期

報告の際に指摘されるケースがあります。**第5章❸**で説明したとおり、再生医療等提供計画の項目4に、「再生医療等の提供終了後の措置の内容」の欄があり、疾病等の発生についての追跡調査や効果についての検証のための定期検査、フォローアップの期間、方法などを記載することとなっています。ここの記載とは異なる期間や方法で経過観察を行っていた場合や、そもそも定期報告を行っていなかった場合などは、定期報告の際に委員会に指摘される場合があります。そのような場合、初回の定期報告では次回から経過観察方法を改善するように意見されるだけで済む場合もありますが、その次の定期報告でも改善されていなかった場合は審査に通らないおそれもあります。

2 特定細胞加工物製造に関する注意事項、トラブル事例

（1）製造場所の選定についての注意事項

　特定細胞加工物を製造する場所については、省令第89条により構造設備基準（**第3章❷**に掲載）が定められており、院内で多血小板血漿などを製造する場合でもこの基準に適合している必要があります。それに加えて、製造管理の基準として省令第99条に衛生管理の方法が定められています。

●省令

（製造管理）〈一部抜粋〉
第99条
　二十六　次に定めるところにより、職員の衛生管理を行うこと。
　　イ　製造作業に従事する職員以外の者の作業所への立入りをできる限り制限すること。

　院内で多血小板血漿などを製造する場合に専用の部屋を確保で
きることは稀で、診察室や処置室などの部屋で製造を行うケース
が多いと思われます。それ自体は問題ありませんが、下線のとお
り、「製造作業に従事する職員以外の者の作業所への立入りをで
きる限り制限すること」という規定がありますので、患者などの
入室を制限するなどの運用上の注意が必要となります。なお、構
造設備の基準から読み取ることは難しいのですが、製造場所は閉
鎖された空間であることが求められています。壁や扉で仕切られ
ていない箇所がある場合は、隣の部屋も製造場所に含めることが
求められ、入室制限の対象としなければなりません。

　また、製造場所を他の用途と兼用することは、再生医療等安全
性の確保法上は問題ありませんが、他の法令などとの関係で制限
を受ける場合があります。例として、エックス線室を製造場所と
しようとした際に厚生局から変更を求められたという事例があり
ます。

（2）手順書等の未作成

　省令第 97 条により手順書等の作成が要求されており、この規定は院内で多血小板血漿を製造する場合にも適用されます。

●省令

（手順書等）

第 97 条　特定細胞加工物製造事業者は、細胞培養加工施設ごとに、構造設備の衛生管理、職員の衛生管理その他必要な事項について記載した衛生管理基準書を作成し、これを保管しなければならない。

2　特定細胞加工物製造事業者は、細胞培養加工施設ごとに、特定細胞加工物等の保管、製造工程の管理その他必要な事項について記載した製造管理基準書を作成し、これを保管しなければならない。

3　特定細胞加工物製造事業者は、細胞培養加工施設ごとに、検体の採取方法、試験検査結果の判定方法その他必要な事項を記載した品質管理基準書を作成し、これを保管しなければならない。

4　特定細胞加工物製造事業者は、前三項に定めるもののほか、製造管理及び品質管理を適正かつ円滑に実施するため、次に掲げる手順に関する文書（以下「手順書」という。）を細胞培養加工施設ごとに作成し、これを保管しなければならない。

　　一　細胞培養加工施設からの特定細胞加工物の提供の管理に関する手順

　　二　第 102 条の検証又は確認に関する手順

　　三　特定細胞加工物の品質の照査に関する手順

　　四　第 104 条の変更の管理に関する手順

　　五　第 105 条の逸脱の管理に関する手順

　　六　品質等に関する情報及び品質不良等の処理に関する手順

　　七　重大事態報告等に関する手順

　　八　自己点検に関する手順

　　九　教育訓練に関する手順

十 文書及び記録の管理に関する手順

十一 その他製造管理及び品質管理を適正かつ円滑に実施するために必要な手順

5 特定細胞加工物製造事業者は、特定細胞加工物標準書、衛生管理基準書、製造管理基準書、品質管理基準書及び手順書（以下「手順書等」と総称する。）を細胞培養加工施設に備え付けなければならない。

省令第97条により要求されている中で、衛生管理基準書、製造管理基準書、品質管理基準書は再生医療等提供計画の添付書類となっているので作成していないということは起こり得ないと思われますが、第4項に規定されている手順書については作成が必要なことを失念しやすいので注意してください。

手順書のひな型は再生医療学会が公開しており、実態に合わせて適宜修正することが望ましいものの、施設名などを記載するだけで使用できるレベルのものになっています。

（3）記録の未作成

❶（4）で説明した再生医療等の提供の記録とは別に、特定細胞加工物製造に関する記録の作成、保存も要求されており、院内で多血小板血漿などを製造する場合でも適用されます。

●再生医療等安全確保法

（特定細胞加工物の製造に関する記録及び保存）

第45条 特定細胞加工物製造事業者は、厚生労働省令で定めるところにより、製造をした特定細胞加工物の種類、当該製造の経過その他の厚生労働省令で定める事項に関する記録を作成し、これを保存しなければならない。

●省令

（特定細胞加工物の製造に関する記録に関する事項）

第111条　法第45条の厚生労働省令で定める事項は、次のとおりとする。

一　製造をした特定細胞加工物の種類

二　特定細胞加工物の提供先の再生医療等提供機関の名称及び住所

三　委託を受けて製造をした場合には、委託元及び委託業務の内容

四　再生医療等に用いる細胞の種類

五　再生医療等に用いる細胞の提供が行われた医療機関等の名称及び細胞の提供が行われた年月日

六　再生医療等に用いる細胞が適切なものであることを検査等により確認した結果

七　特定細胞加工物の製造の経過

八　特定細胞加工物が再生医療等に用いるために適切なものであることを検査等により確認した結果

九　特定細胞加工物の輸送の方法及び輸送業者

十　特定細胞加工物の提供日

2　特定細胞加工物製造事業者は、法第45条の記録を、次に掲げる期間、保存しなければならない。

一　指定再生医療等製品の原料と類似の原料からなる特定細胞加工物に係る記録にあっては、その提供日から起算して少なくとも30年間

二　前号に掲げる特定細胞加工物以外の特定細胞加工物に係る記録にあっては、その提供日から起算して少なくとも10年間

また、省令第99条～第109条に特定細胞加工物の製造管理および品質管理に関する基準が規定されていますが、その中でも記録の作成が要求されている事項があります。これらの記録についてのひな型などは公開されていないため、省令の規定を確認し

て記録様式を作成する必要があります。医療機関が自ら記録様式を作成するのは難易度が高いため、代行業者やコンサルタントなどに記録様式の作成を依頼するほうが確実かもしれません。一方で、代行業者やコンサルタントは記録様式の提供をできるようにしておくことが望ましいでしょう。

 3 他法令との関係に関する注意事項、トラブル事例

（1）医療広告規制への抵触

　医療法により、「医業若しくは歯科医業又は病院若しくは診療所に関する広告（以下、「医療広告」という）」に対する規制が定められており、当然ながら再生医療等に関する広告もこの規制の対象となります。医療広告規制の指針を示す「医療広告ガイドライン」では、再生医療等について個別に言及されてはいませんが、他の自由診療や未承認医薬品等を用いた診療と同様に原則として広告が認められない内容に該当します。再生医療等の実施について HP や SNS、街頭広告で医療広告規制に違反した広告を行っているケースが多数見受けられますので、注意が必要です。

　また、医療広告規制に関する再生医療等に特有の注意事項として、「厚生労働省の承認を正式に受けて、再生医療を提供」といった記載は医療広告規制違反となるということが挙げられます。これについては、再生医療学会も患者・市民向けの注意喚起を発出しています。再生医療等は厚生労働省または地方厚生局への「届出」によって実施されるものですので、厚生労働省が許可、認可、免許、承認しているというような表現は誤解を招く表現とみなされます。医療広告規制は HP などの記載について特例を定めてお

り、条件を満たせば HP などで再生医療等を実施している旨を記載することは可能ですが、このような表現を HP などに記載している場合は、条件を満たしている場合でも医療広告規制違反となります。

（2）混合診療

　再生医療等は一部を除き自由診療となっていますので、保険診療を行っている医療機関が再生医療等を導入する場合には混合診療とならないように注意が必要となります。

　混合診療とは、一連の診療の過程において保険診療と保険外診療を併用することを意味しており、健康保険法により禁止されています（一部例外あり）。自由診療をメインとしている美容クリニックなどでは混合診療が問題となることは少ないかもしれませんが、整形外科などの保険診療をメインとしている診療科で、多血小板血漿療法や脂肪由来幹細胞を用いた治療を行う場合は注意が必要となります。

　混合診療となることを回避するために、カルテを別にしたり、施術の日程を変えて再生医療等のみを行う日を設けたりするなどの対策をとっているという事例も多く見られますが、混合診療となるか否かは「一連の診療の過程」であるかどうかによって判断されます。混合診療となることを回避するためだけにカルテを変えたり、日にちを変えたりしても、実態としては一連の診療の過程となりますので、このような対策は意味がありません。

著者略歴

林　大輔（はやし　だいすけ）

行政書士、高度管理医療機器販売業・貸与業　営業所管理者
林医療福祉行政書士事務所　所長
株式会社サステナメディカル　代表取締役
昭和 63 年兵庫県神戸市生まれ。平成 24 年 3 月関西学院大学大学院理工学研究科生命科学専攻博士前期課程修了、平成 26 年 4 月林大輔行政書士事務所（現林医療福祉行政書士事務所）開業、令和 2 年 1 月株式会社サステナメディカル設立、代表取締役就任。大学院での生命科学の研究を経て再生医療等に関する手続きを専門とした行政書士として開業し、250 件以上の再生医療等提供計画の作成・提出代理を経験している。株式会社サステナメディカルでは再生医療等に使用する医療機器その他の器具の販売、再生医療等の導入に向けたコンサルティング、インバウンド向け再生医療ツーリズムの企画などの業務を行っている。

再生医療等提供のための申請・届出
ハンドブック　　　　　　　　　令和 7 年 3 月 1 日　初版発行

 日本法令®

〒 101 - 0032
東京都千代田区岩本町 1 丁目 2 番 19 号
https://www.horei.co.jp/

	検印省略	
著　者	林	大　輔
発 行 者	青　木	鉱　太
編 集 者	岩　倉	春　光
印 刷 所	丸　井　工	文　社
製 本 所	国　　宝	社

（営　業）　TEL　03 - 6858 - 6967　　E メール　syuppan@horei.co.jp
（通　販）　TEL　03 - 6858 - 6966　　E メール　book.order@horei.co.jp
（編　集）　FAX　03 - 6858 - 6957　　E メール　tankoubon@horei.co.jp

（オンラインショップ）　https://www.horei.co.jp/iec/
（お 詫 び と 訂 正）　https://www.horei.co.jp/book/owabi.shtml
（書籍の追加情報）　https://www.horei.co.jp/book/osirasebook.shtml

※万一、本書の内容に誤記等が判明した場合には、上記「お詫びと訂正」に最新情報を掲載
　しております。ホームページに掲載されていない内容につきましては、FAX または E メー
　ルで編集までお問合せください。